公司债与股票发行中的
承销商责任研究

王　茜◎著

中国商务出版社

·北京·

图书在版编目（CIP）数据

公司债与股票发行中的承销商责任研究 / 王茜著.

北京 : 中国商务出版社, 2024.8. -- ISBN 978-7-5103-

5379-6

I. F832.51

中国国家版本馆CIP数据核字第2024PN6760号

公司债与股票发行中的承销商责任研究

王　茜　著

出版发行：中国商务出版社有限公司

地　　址：北京市东城区安定门外大街东后巷28号　邮编：100710

网　　址：http://www.cctpress.com

联系电话：010—64515150（发行部）　　　010—64212247（总编室）

　　　　　010—64515164（事业部）　　　010—64248236（印制部）

责任编辑：杨　晨

排　　版：河南济航文化有限公司

印　　刷：宝蕾元仁浩（天津）印刷有限公司

开　　本：787毫米×1092毫米　1/16

印　　张：11.25　　　　　　　　　　　字　　数：182千字

版　　次：2024年8月第1版　　　　　　　印　　次：2024年8月第1次印刷

书　　号：ISBN 978-7-5103-5379-6

定　　价：79.00元

前　言

　　本书从承销商在公司债与股票发行中的法律责任出发，系统性地分析了该领域的核心问题，为读者构建了一个基于承销商责任认定、赔偿与责任免除的系统性的理论研究框架。

　　第一章中首先论述了承销商在资本市场中的地位和功能，并详细探讨了承销商作为主体的法律关系，同时审视了目前法律框架下承销商责任承担的现状；此外，本章中还讨论了承销商民事责任的性质、归责原则等基本理论问题，为下文其他问题的论述做好铺垫。第二章中重点聚焦于承销商民事责任的构成要件，分别论述了虚假陈述行为、过错、交易因果关系与损失因果关系、损失这些构成要件的内涵及具体要求。第三章则进一步分析了承销商可能享有的损害赔偿责任的免责事由，其中以勤勉尽责抗辩为最重要的免责事由。最后，第四章中详细研究了承销商侵权损害赔偿范围的认定，主要包括投资人损害的计算方法，并对承销商比例连带责任的司法审判情况与学界的评价做了开放式的探讨。

　　本书通过逐层深入的分析，旨在为学术界和法律实务工作者提供关于承销商民事责任理论与实务的全面参考，促进行业及学术界等相关人士对公司债与股票发行过程中承销商法律责任问题的深入理解和思考。

作　者

2024.5

目　录

第一章　公司债与股票发行中承销商责任问题的提出

第一节　承销商在资本市场中的角色和市场功能

一、承销商的定义

承销商一般指具有一定销售实力，承担销售责任的商人。承销商的定义涵盖了其在金融市场中的多重职责。基本上，承销商是指那些在资本市场中，尤其是在证券发行（如股票和债券）中，承担起介绍和销售新证券给公众或特定投资者群体的金融机构。通常由银行或证券公司组成，通过与发行公司签订承销协议，保证以约定的价格购买所有或部分未售出的证券，从而为发行公司减轻财务风险。

根据证券经营机构承担的责任和风险不同，承销可以分为代销和包销。

（一）代销

在资本市场中，代销模式中的证券经营机构作为代理人出现，协助发行人销售股票、债券或其他证券，但不承担未售出证券的财务风险。其主要职责是促成交易、通过分销渠道和客户基础推广证券，这一职责允许发行人利用承销商的销售网络和市场专业知识来扩大覆盖面和销售效率。在代销模式下，发行人不需要担心由于市场条件不佳而留下大量未售出的证券，这使得发行人能够更直接地控制发行过程，以及控制定价和市场定位策略。在这一过程中，承销商主要聚焦于营销和销售活动，可以充分利用其专业能力和市场资源来达成最大的销售潜力。

在代销模式中，由于承销商不保证销售结果，在市场条件不利或投资者需求预测失误的情况下，发行人需要密切监控市场动态和投资者反应，适时调整发行策略和营销方案。在实践中，代销承销商通常与发行人紧密合作，制定详细的销售计划和市场进入策略，利用自己的市场洞察力和客户网络来预测市场趋势，为发行人提供实时反馈，帮助其确定发行时点、调整发行计划以应对快速变化的市场环境，确保发行中的每一个步骤都能符合市场需求，并促进发行人的投资价值能够被投资者发现。

代销作为一种高效的证券销售模式，适用于希望利用外部专业能力而又不愿承担额外财务风险的发行人，这使得其能够在发行过程中保持主导权，从而能够最大化利用承销商的专业资源和市场网络，实现证券的成功销售。

（二）包销

在包销模式中，承销商则承担着更大的责任和风险。在公开市场的需求不足以吸收发行人所有发行的证券时，承销商需要购买剩余的证券，这一模式为发行人提供了重要的财务安全网，使发行人能够在筹资计划中有更高的确定性和安全感。

在资本市场发行定价不稳定或市场信心较低迷的时期，发行人难以通过普通的市场销售方式筹集到所需的资金，需要转向包销方式以确保资金筹集目标的实现。在这个过程中，发行人会寻找承销商，而承销商需要进行深入的市场研究和风险评估，以确定发行的定价和数量是否合理，确保其能在市场上找到足够的买家。另外，包销承销商还扮演着市场启动者的角色，通过组织路演、发布市场分析报告以及与潜在投资者的直接沟通，以增强市场对新发行证券的信心和兴趣，帮助发行人实现资金筹集，促进整个市场的流动性和效率。

然而，承担包销责任意味着承销商将面临较高的经济风险，如果市场对新发行的证券反应冷淡，则承销商需要以较高的价格购买大量证券，这容易给承销商带来大额的财务损失。为此，承销商在承销协议中一般会设置一些条款，这些条款允许他们在市场价格表现好于预期时购买额外的证券，从而以进一步对冲包销风险，减少潜在的利润损失。

综上，包销是一种风险与回报并存的承销模式。它为发行人提供了一种高度可靠的资金筹集方法，也为承销商提供了收入和市场份额增长的机会。

二、承销商在资本市场的角色

承销商在资本市场中的角色如表1-1所示。

表1-1　承销商在资本市场中的角色

序号	角色	定义	主要职责	市场贡献
1	资本筹集者	通过股票和债券发行帮助企业筹集资本	策划和执行发行计划	推动企业增长和扩张
2	市场中介	连接发行方和投资者	保证信息透明和流通	帮助投资者做出基于准确、完整信息的决策
3	风险管理者	在证券发行中承担风险	管理发行过程中的风险	保证企业能够成功筹集到预定资金
4	价格设定者	基于市场调研和财务分析确定证券发行价格	设定发行价格	影响发行成功与否及未来市场表现
5	法律遵从顾问	确保发行过程符合法律要求	提供法律咨询和指导	保证发行合法性和规范性

序号	角色	定义	主要职责	市场贡献
6	市场稳定器	通过市场操作减少价格波动	买入或卖出证券以稳定市场价格	减少市场波动，保护投资者利益
7	投资者教育者	向投资者提供市场知识和投资教育	发布投资研究和市场分析报告	提高投资者的市场理解和投资决策能力
8	流动性提供者	通过市场做市等机制提供市场必要的流动性	维护证券交易的流动性	支持市场健康运作
9	创新推动者	设计新型金融工具和证券产品	推动金融市场创新	促进金融市场多样化和产品创新
10	信任建设者	通过声誉和表现影响投资者信心	建立和维护市场信任	促进市场稳健发展
11	战略顾问	提供市场定位、资本结构和资金使用的咨询	帮助企业制定长期发展计划	促进企业战略决策和市场适应性
12	危机管理者	在市场动荡或金融危机时帮助市场恢复正常运作	管理危机和保护投资者免受重大损失	维护市场秩序，恢复市场信心

作为资本筹集者，承销商为企业提供了必要的资金支持，以促进其增长和扩张，为整个资本市场的流动性和效率贡献了力量。在传统的股票或债券发行过程中，承销商通过研究市场需求、评估企业价值以及制定有效的销售策略，来确保证券的成功发行。承销商通过制订适当的发行方案，确定证券发行定价和数量，帮助企业最大化其筹资效果，确保投资者能够获得具有吸引力的投资回报。随着市场的发展和金融工具的创新，承销商成为连接创新金融解决方案与传统资本需求的桥梁。在科技快速发展的当下，承销商会采用可转换债券、优先股等定制化的金融工具，以满足这些企业的特殊需求，帮助企业获取稳定的资金来源，为投资者提供更多的投资选择和风险管理工具。因此，在现代金融生态系统中，承销商是推动创新和增长的关键力量。

作为市场中介，承销商可以极大地减少信息不对称的问题，确保所有市场参与者都能基于完整而准确的数据做出投资决策。承销商通过提供详尽的发行说明、组织投资者路演，以及发布研究报告和市场分析，可以帮助投

资者理解投资产品的潜在风险与回报，提升市场的整体透明度，增强投资者
对市场机制的信任。在证券发行过程中，承销商通过精确的市场定位和定价
策略，确保新发行的证券能够吸引合适的投资者群体，在后续的市场交易中
也继续通过买入或卖出证券等市场操作手段，来维持证券价格的稳定性和市
场的流动性。另外，在市场波动或经济走向不确定的时期，承销商可以通过
采取积极的市场干预措施缓解市场恐慌，保护投资者利益，稳固金融市场的
基础。

作为风险管理者，承销商承担购买承销过程中未能售完证券的风险。上
述职责通常体现在包销协议中，承销商事先同意购买所有或部分未能在市场
上销售的证券，通过详尽的市场调研和财务分析等专业的分析和策略部署，
其能够有效地管理和分散潜在的风险，保障发行人能够成功筹集到所需的资
金，减轻了发行人的压力，为市场的稳定贡献了力量。在经济不确定性增加
或市场波动性加剧的情况下，承销商需要有能力预测市场趋势，还必须具备
在市场下行时采取有效措施以减轻损失的能力。承销商应通过市场稳定机制
购买额外的证券，或者利用衍生工具来对冲风险，从而确保整个资本市场的
健康运行，并防止金融危机的蔓延，从而维护整个金融生态系统的平衡和
稳定。

作为价格设定者，承销商通过深入的市场调研和财务分析，综合评估企
业的财务健康、行业位置以及市场条件，在发行成功与最大化发行收益之间
找到平衡点，避免首日交易后的价格波动及其带来的市场不稳定，满足发行
公司的资金需求，确保价格对投资者有足够的吸引力，从而构建一个稳定的
市场环境。另外，在新兴市场或者在新型金融工具的发行中，承销商的定价
决策系基于对当前市场环境的理解以及对未来市场走势的综合判断，通过使
用其专业知识来引导市场预期，并减少不必要的市场波动，从而进一步促进

市场对新产品的接受和适应。

作为法律遵从顾问，在证券发行的每一个阶段，承销商都需要确保从最初的文件准备与发行前的审查到最终的市场销售和后续报告都需要符合相关的法律和监管要求。这进一步要求承销商必须对《中华人民共和国证券法》（以下简称《证券法》）《中华民共和国公司法》（以下简称《公司法》）以及相关市场规则有深入透彻的理解，以便能够准确把握复杂的法律和监管规定，从而避免违规风险。与此同时，在这一过程中，承销商还通过建立有效的沟通渠道和信息披露机制，帮助所有相关方理解和正确适用相应的法律和监管规定，从而有助于营造一个合规守信的市场环境。另外，承销商还会经常参与到市场及监管新规则的制定讨论中，代表市场参与者提出意见和反馈，确保新的法规既能满足监管目标，又能保持市场的健康发展和活力。

作为市场稳定器，在新证券发行后，承销商通常会执行市场稳定操作，如在股价下跌时购入股票，在股票价格异常波动时卖出股票。这一系列的活动有助于减轻投资者免受剧烈市场波动的影响，维护了市场功能的整体健康和稳定。承销商通过采取各种积极的市场干预措施，有助于防止市场价格的过度波动、建立市场投资者信心，缓解市场的过度反应，并能够在较大范围内稳定市场情绪，减少潜在的恐慌性卖出行为，从而有助于健康投资环境的营造。

作为投资者教育者，承销商通过各种渠道和方法向投资者传递基本的投资原则、市场趋势、证券市场知识、风险管理技巧以及财务报告的分析方法等，同时还通过举办投资者研讨会和网络研讨会，以及提供一对一的咨询服务，促使投资者能够在投资的实际操作中应用所学证券市场及投资知识，有效管理自己的投资组合，做出更加明智的投资决策。承销商的投资者教育不仅仅面向新进投资者，对于经验丰富的投资者而言，承销商提供的高级市场分析和策略也是非常有价值的资源，有助于进一步提高整个投资者群体的专业水平，促进投资行为的专业性和市场决策的智慧化。

作为流动性提供者，在一级市场中，承销商通过预购并分销证券，确保新发行的股票或债券能够迅速被市场吸收，从而为发行企业提供资金，帮助并维持交易的连续性及效率；在二级市场中，承销商作为做市商参与证券日常的买卖，通过对买卖双方进行匹配，确保市场中的证券可以顺畅地买入和卖出。在二级市场存在流动性紧缩的情况时，承销商会购买大量股票以支撑市场价格，防止证券市场因流动性不足而过度波动或崩溃，从而能够减少交易摩擦的成本，提高了市场的整体效率。另外，在市场下行期，市场参与者容易因为恐慌而争相卖出所持证券，在此情况下，承销商提供的流动性可以稳定市场并防止恐慌蔓延，从而促进整个证券市场的稳定。

作为创新推动者，在不断变化的金融市场环境中，承销商通过引入可转换公司债券、衍生金融工具，或是结构复杂的资产支持证券等新的证券类型，来满足投资者日益复杂的投资需求和发行人的资金筹集需求，为投资者提供了更多样化的投资选项，为发行人提供了更为广泛且具有个性的融资方式，进一步推动了金融市场的深度和宽度。随着现代信息技术的发展，承销商利用大数据和人工智能等先进技术来分析市场趋势，通过创造全新的交易平台或工具来吸引更多的市场参与者，能够增强自身的市场地位，并同时推动整个金融生态系统的技术进步。

作为信任建设者，在金融市场中，承销商通过提供透明和负责任的服务准确无误地披露投资风险和机会，并保证披露信息的真实性、准确性和完整性，使得投资者能够基于全面和准确的信息做出投资决策，在帮助承销商自身建立声誉的同时也为整个市场的健康运作提供保障，促进市场的长期稳定与增长。在金融危机或市场波动期间，承销商通过采取市场干预和其他稳定措施来缓解投资者恐慌情绪，保护其免受重大损失，这证明了承销商不仅是利益的追求者，也是市场环境信任的建设者。

作为战略顾问，承销商通过深入了解企业的业务模式、市场定位以及财务状况提供关于资本结构优化、资金筹集时机选择以及发行策略的专业建议，帮助企业有效降低融资成本，提高资金筹集的成功率，从而支持企业的业务扩张和不断成长。承销商在担任战略顾问的过程中，可以通过对不同市场情况的模拟和预测，帮助企业在关键时刻做出正确的战略选择。例如，在企业面临行业整合或市场调整时，承销商提供的分析和建议可以帮助企业确定是否进行并购、合作或是独立发展，以及如何通过这些战略行动最大化企业价值和市场竞争力，展现了承销商在市场整体战略规划中的重要性。

作为危机管理者，承销商通过增持股份、提供额外的流动性支持或者调整债务结构等市场操作方式和策略，有助于防止市场过度波动和资本大量外流，从而保护了市场的整体健康发展和投资者的利益，进一步稳定了市场环境。在这个过程中，承销商通过与政府、监管机构以及其他金融机构的紧密合作，共同制定和实施危机干预措施，通过政策调整、市场介入等措施来恢复市场的稳定性和投资者的信心。承销商由此形成了跨领域、多层级的协调能力，能够确保市场的短期稳定以及市场的长期健康发展。

三、承销商的市场功能

承销商的市场功能主要体现在提供融资渠道、风险管理、信息传递、维护市场稳定以及担任专业投资者五个方面。

（一）提供融资渠道

承销商利用其专业的市场知识和广泛的投资者网络，帮助企业设计和发行包括传统股票和债券发行在内的融资工具，以及更加复杂和多样化的金融工具和结构化产品，满足投资者特定的资金需求。承销商在提供融资渠道时，需要对企业进行深入的分析和评估，详细审查企业的财务报表，评估其资产负债情况、盈利能力、现金流状况以及财务比率；评估企业的业务模式，分析其市场定位、竞争优势和发展战略，了解企业当前的经营状况，预测其未来的增长潜力和将面临的风险。基于上述评价结果，承销商可以针对不同类型、不同情况的企业提供不同的融资方案。其中，对于已经相对成熟的企业，承销商会建议发行债券来筹集资金，通过发行债券，企业可以锁定长期的低成本资金，保持股东权益的稳定，向市场传递企业财务健康和稳定的信号，提振债券发行投资者的信心。在设计债券发行方案时，承销商需要考虑市场需求和投资者的偏好，确保债券的条款和条件能够吸引广泛的投资者群体，在复杂的资本市场中找到最合适的融资渠道，最大程度地满足发行人的资金需求并降低其融资成本和风险。对于成长型企业，承销商会推荐采用分阶段发行股票的策略，将融资活动分为多个阶段进行，而不是一次性发行完毕来募集计划的资金，以有效分散市场风险，避免在市场状况不利时进行大规模发行带来的不确定性，这样能够降低因市场波动而导致发行失败或资金不足的风险，使企业能够在不同的时间点上逐步测试市场的反应，优化融资策略，从而在整个融资过程中保持较高的成功率。在第一阶段的发行中，承销商可以通过组织路演、发布研究报告和与潜在投资者的沟通等方式，帮助企业提高市场曝光率，吸引早期投资者的兴趣。而企业可以通过较小规模的股票发行进入市场，借此机会展示其业务实力和增长潜力。在第二阶段及后续阶段的发行中，随着市场对企业的认知和信任度逐渐增加，企业可以进行更大规模的股票发行，以实现更高的融资目标。分阶段发行股票时每一阶段的成功都是对企业管理团队和业务模式的肯定，这种逐步积累的市场信任，从长远来看能够增强企业的品牌价值和市场竞争力。因此，分阶段发行股票的策略为成长型企业提供了一种灵活而稳健的融资路径，使得成长型企业可以有效应对市场的不确定性，降低融资风险，并持续提升市场对企业的认知度和信任度。对于成熟企业而言，因其通常具有稳定的现金流和较高的信用评级，承销商会设计具有灵活还款条款或可转换特性的债券，以提高融资工具的吸引力。可转换债券是一种允许债券持有人在特定条件下将债券转换为公司股票的融资工具，可以为企业提供更低成本的融资，并在一定程度上提升了公司股票的市场需求和流动性；对于投资者而言，可转换债券提供了一种兼具债券安全性和股票成长潜力的投资选择。在进行具有灵活还款条款证券或可转换债券发行方案设计时，承销商需要充分考虑企业的长期战略和市场环境，通过精确的市场分析和财务模型，确保相应融资工具能够满足企业的资金需求，并与企业管理层保持密切合作，深入了解企业未来的财务规划和资本结构调整的需求，确保所设计的证券能够与企业的发展战略和发展理念相契合。通过创新和优化债券结构，承销商可以设计具有延期还款、分期支付或赎回选项的债券，允许企业根据自身的财务状况和市场条件调整还款计划，使企业在不同时期有更多的财务操作空间，避免因临时资金短缺而陷入困境，帮助企业在经济环境不确定或市场波动较大的情况下保持财务稳定性。因此，承销商通过设计具有灵活还款条款或可转换特性的债券，能够帮助成熟企业高效地完成资本筹集工作，增强企业的财务灵活性和市场适应能力，使企业能够在不同时期和不同市场条件下保持强劲的融资能力，助力于其长期战略目标的实现。

（二）风险管理

承销商的风险管理功能是指在证券发行过程中，承销商应进行全面的风险评估，从而不断识别和量化影响发行成功的各类风险，具体包括市场风险、信用风险、操作风险和法律合规风险。市场风险主要来源于宏观经济因素、行业变化、市场供求关系、政治环境以及投资者情绪的波动，是指由于市场价格波动而导致投资者或企业遭受损失的可能性。在市场风险管理中，承销商需要密切关注市场动态和经济环境的变化，通过市场调研和数据分析，预判市场趋势和投资者情绪，制定相应的风险管理策略，确保在各个环节都能有效防范和应对潜在的风险，从而保障证券在一级市场的顺利发行和二级市场的稳定表现。随着市场环境的不断变化和现代技术与工具的不断升级，承销商还可以利用先进的技术和工具进行实时的数据监控与分析，实时监控市场动态和投资者行为，通过算法模型预测可能的市场波动和风险事件，从而提前做好风险防范和应对预案。信用风险主要指由于发行公司的财务状况恶化、经营失败、市场竞争力下降或其他因素导致其无法按时向投资人支付利息或偿还本金所产生的相关风险。具体而言，是指由于借款人或证券发行人未能履行其本息偿付义务所导致的投资者或其他利益相关方遭受经济损失的可能性。在信用风险评估时，承销商需要对企业的资产负债表、损益表和现金流量表等财务报表进行详细的审查，了解公司的资产负债情况、盈利能力和现金流状况，从而判断公司的偿债能力和财务规范性；承销商也会对管理团队的背景、决策能力和过往业绩进行评估，从而检查公司治理的透明度和合规性。通过以上详细的审查，承销商能够确保只为那些信用状况良好、风险可控的企业提供承销服务，从而保护投资者的利益。操作风险是指由于内部流程、人员、系统或外部事件的不当或失败所导致损失的可能性。在操作风险管理中，承销商需要建立健全内部控制体系，制定详细的业务操作流程，明确各个环节操作人员的职责和权限，防止存在人为的错误和舞弊行为；承销商应建立有效的激励和约束机制，鼓励员工遵守操作规范和职业道德，防止因员工疏忽或故意行为导致的操作风险。随着金融科技的不断发展，金融信息系统和技术平台的使用提高了承销商的业务效率和准确性，但也带来了系统故障、数据泄露和网络攻击等操作风险。对此，承销商需要建立更加强大的信息技术基础设施和安全防护措施。具体而言，承销商应通过定期进行系统维护和升级，以确保系统的稳定性和可靠性；通过建立数据备份和恢复机制，防止因系统故障或数据丢失造成的业务中断；通过采用先进的网络安全技术，防范黑客攻击和数据泄露。法律合规风险是指由于未能遵守相关法律法规、监管要求或行业标准而导致的法律制裁、财务损失或声誉损害的可能性。在法律合规风险管理中，承销商需要全面了解和深入认识相关法律法规和监管要求，涵盖《证券法》《公司法》《中华人民共和国反洗钱法》数据保护法等多方面的法律法规，以及证监会等监管机构发布的各类部门规章和规范性文件。为有效防范合规风险，承销商应建立健全合规管理体系，制定和实施行之有效的合规政策、履行严格的合规审查程序，并对人员进行定期的合规培训和教育，持续提高员工的法律意识和合规能力，防止因员工的疏忽或违规行为导致的法律风险。此外，承销商还需要与监管机构保持密切的沟通，了解最新的监管动向；承销商应组建专业的法律和合规团队，负责监控和管理证券发行过程中的法律风险，制定和执行相应的合规政策和程序，确保所有发行活动都符合法律法规的规定以及证券监管机构的要求。综上所述，承销商需要具备深厚的专业知识和丰富的实践经验，以及高度的责任感和职业道德，通过全面的风险评估、严格的合规管理、先进的技术手段进行持续的市场监控，来确保证券发行过程及后续市场表现的稳定性和可控性。

（三）信息传递

信息传递功能意味着承销商是连接发行公司和投资者的桥梁，承销商要确保从发行人处收集信息的真实性、准确性、完整性，并将相应信息及时和透明地传递给投资者。承销商在完成信息收集和分析之后，通过募集说明书、招股说明书、路演以及各类投资者会议等形式，将信息以清晰、透明和易于理解的方式传递给投资者。其中，募集说明书和招股说明书是信息披露的重要文件，其内容包含发行人的业务模式、盈利情况、财务数据、管理层信息、市场环境及潜在风险等，与投资者做出投资决策息息相关；通过路演和投资者会议，承销商可以直接与潜在投资者进行沟通，在此过程中，除将募集说明书、招股说明书所载信息传递给投资者外，还会解答他们的疑问并提供进一步的信息和数据分析，帮助投资者更深入地了解发行人的情况及其投资价值，同时也有助于了解投资者的需求，并据此及时调整发行策略和市场推广方案。在信息传递过程中，承销商必须确保所有信息的公开和透明，这就要求承销商建立完善的信息披露机制和高效的内部审核流程，从而能够确保在发现发行人运营或财务状况发生重大变化时及时发布公告，向市场传递最新信息，防止信息延迟或隐瞒对投资者造成不利影响。在证券发行后，承销商需要持续跟踪发行人的经营状况和市场表现，督促发行人定期发布公司的财务报告和市场动态，帮助投资者持续了解公司的最新经营情况和未来发展前景，并及时回应市场和投资者的疑问和关注，为其提供专业的咨询和支持，确保信息持续披露的透明和准确。综上所述，承销商通过全面和深入的信息调查和评估、透明和及时的信息披露、教育和引导投资者，确保真实、准确、完整的信息能够及时为投资者知晓并理解，进而维护市场的公平性和透明性，促进资本市场的持续健康发展。

（四）维护市场稳定

在资本市场中，承销商在经济周期的不同阶段对市场的介入有助于稳定金融市场，进而有助于维护整个经济体的稳定。比如，在金融危机或市场调整期间，承销商可以通过提供必要的资金支持和财务顾问服务，帮助企业避免资金链断裂或流动性不足的问题，使得企业能够稳定运营，防止危机进一步扩散。在经济下滑或市场不景气时，承销商可以通过提供资金援助，参与到企业的重组和再融资活动中；可以通过参与债务重组、资产剥离、增资扩股等活动，使得企业避免遭遇业绩下降、资产负债率过高等问题，帮助企业优化资本结构，降低财务成本，恢复正常经营。在市场调整期间，当领军企业出现流动性危机时，会影响到整个供应链，拖累相关行业的发展和市场信心。在这种情况下，承销商可以联合其他金融机构，形成财团，共同为企业提供财务支持，防止关键行业和领军企业的崩溃，通过广泛的市场干预和稳定措施可以帮助企业渡过难关，避免在更大范围产生连锁反应，进而稳定投资者和消费者的信心，维护整个行业乃至市场的稳定。在市场表现良好时，承销商通过持续的市场分析和风险评估，预测潜在的市场波动走势和风险点，为企业提供调整资产配置的方案，增强企业的现金流管理，以及优化企业的债务结构，从而能够增强企业的抗风险能力，减轻未来可能出现的市场调整对企业的负面影响。综上所述，承销商通过积极参与资本重组和市场重建活动，进行综合性的市场干预和支持以使得承销商成为经济不确定性时的重要支柱，这有助于缓解市场动荡，促进经济的平稳过渡。

（五）担任专业投资者

在资本市场中，承销商作为专业投资者，能够利用其深厚的市场知识、丰富的经验和强大的资本实力，促进股票、债券及其他金融工具的购买和销售。在这一过程中，承销商在选择投资项目时，会综合考虑宏观经济环境、行业发展趋势、公司基本面及市场供需关系等多个因素，优化投资组合，实现资本增值。在资本市场中，承销商的投资策略具有多样化的特征，具体包括长期持有、价值投资、成长投资或套利交易策略。长期持有策略是基于对公司基本面的深入分析和对其长期发展前景的信心，购买证券并持有较长时间，以期获得资本增值和持续的收益。在资本市场中，承销商通过长期持有，能够享受公司增长带来的资本增值，获得稳定的分红收益，有效减少交易成本和短期市场波动带来的风险。一般而言，承销商会选择那些具有稳定盈利能力、强劲市场地位和良好管理团队的公司股票进行长期持有。价值投资策略是指通过购买被市场低估的证券，以期在市场调整后获得收益。承销商在采用价值投资策略时，会深入分析公司的财务报表、盈利能力、市场份额和行业地位等因素，识别目前市场价格低于其内在价值的股票，选择那些具有稳健财务状况、良好现金流和较高股息收益率的公司股票，通过在低价位买入这些被低估的股票，以期可以在未来市场回归时获得资本增值。成长投资策略通常指投资于那些预期将快速增长的公司，成长型公司通常处于高速发展阶段，拥有强劲的收入增长和市场扩展潜力。承销商在采用成长投资策略时，会重点关注公司的增长潜力和未来的发展前景，综合考虑公司的创新能力、市场需求、行业趋势以及管理团队的执行力等因素，从而能够捕捉到新兴行业和市场机会，在快速变化的市场环境中保持竞争力。套利交易策略是指承销商利用市场上的价格差异获取无风险收益。常见的套利交易包括市场套利、合并套利和跨市场套利等。在市场套利中，承销商会在价格较低的市场买入证券并将其在价格较高的市场卖出，以赚取价差；合并套利是通过投资于有并购或重组预期的公司股票，在交易完成后获得溢价收益；跨市场套利涉及在不同市场间进行交易，利用不同市场之间的价格差异获利。在进行套利交易时，承销商需要具备强大的市场分析能力和交易执行能力，能够快速识别和利用市场上的暂时性价格差异，并在交易过程中严格遵守交易纪律，进行有效的风险管理。随着经济全球化的不断深入，承销商利用其国际网络进行跨境投资和资金配置即承销商采取套利交易策略的表现。例如，承销商可以在美国市场投资科技股，在欧洲市场投资绿能股，在亚洲市场投资基础设施项目，通过多元化的投资格局，分散投资风险，捕捉到更多的投资机会。然而，作为专业投资者的承销商也面临着许多挑战。首先，由于经济数据发布、政治事件、自然灾害等事件引起的市场波动会影响资产价格的波动性，进而导致整个投资组合价值的大幅波动。这要求承销商加强市场监控和分析，通过多元化的投资组合来分散风险，从而降低单一资产或行业对投资组合的影响。其次，税收政策、监管要求、贸易政策等政策的变化会影响到企业的运营环境和盈利能力。为了应对政策变化带来的风险，承销商应与政府部门和监管机构保持密切沟通，了解政策走向、监管目的和具体影响，并相应调整其投资策略和风险管理措施。最后，在全球化的环境中，汇率波动会对跨境投资造成较大影响，进而影响投资者的实际收益。为此，承销商需要充分考虑不同国家和地区之间的货币汇率波动，通过使用外汇衍生产品或其他对冲工具来管理和减少汇率风险，保护投资组合的价值和稳定性。综上，承销商通过采用多元化的投资策略，能够在不同的市场环境中尽可能地实现资产的优化配置和收益的最大化，在保障自身收益的同时促进资本市场的健康发展。

四、承销商作为主体的法律关系

承销商在扮演其资本市场角色、发挥其市场功能的过程中，会与不同的市场主体接触，并根据法律规定或当事人的约定形成各种类型的法律关系。

（一）承销商与发行人的法律关系

证券承销通常分为代销和包销两种主要形式。在证券代销中，承销商作为代销商代理发售证券，一般认为承销商与发行人构成委托代理关系。在证券代销情境下，证券发行人是委托人，作为证券代销商的承销商为受托人，证券代销商根据发行人的委托，按照合同约定的条款和条件代为发售证券，并将销售所得款项转交给发行人。在代销情境下，由于代销法律关系的代理性质，在证券销售过程中所产生的民事法律后果，如销售不成功、销售合同纠纷等均由发行人直接承担。

在包销法律关系中，承销商承诺以一定价格购买发行人发行的证券，并自行负责将这些证券销售给投资者或自行持有，承销商必须向发行人支付购买证券的款项，并自行处置未售出的证券，这一过程中承销商将承担一定的销售风险。包销又可以进一步分为全额包销和余额包销两种情境。在全额包销的情境下，发行人与承销商之间构成买卖关系，发行人居于卖方的地位，承销商居于买方的地位，买卖的标的物即发行人本次发行的全部证券。在余额包销情境中，证券承销商首先要代理发行人发售证券，在承销期结束时再将未售出的剩余证券全部自行购入。在余额包销情境下，承销商的法律关系可以分两段予以考察。第一，在承销期内，与代销相同，发行人与承销商之间是委托代理关系。此时，承销商作为发行人的代理人进行证券销售活动，将销售所得款项转交给发行人。第二，在承销期结束后，如存在未销售完成的证券，承销商需要自行购入该等未售出证券，发行人与承销商之间从而也形成了以未发行完毕证券为标的的买卖合同关系。需要明确的是，如在承销期内发行人的证券全部销售完毕，则第二阶段的法律关系就无从发生。将余额包销法律关系进行分段考察的主要原因在于，承销商在余额包销过程中扮演着多重角色，即既作为发行人的代理人进行证券销售，又在特定条件下转变为买方承担未售出证券的购入责任。在余额包销模式下，承销商需要利用其专业知识和市场资源，为发行人设计销售方案、组织路演、与潜在的投资者沟通等，在这一阶段，承销商与发行人之间的关系属于一般的民事代理关系，承销商按照发行人的指示和合同约定开展工作，发行人对承销商的代理行为负有最终责任。在发行人的证券没有全部发售完毕的特定情况下，承销商与发行人之间将产生以未发行完毕证券为标的的买卖合同关系。承销商在代理发行人销售证券时，需要进行详尽的市场调研和投资者分析，确保销售策略的有效性和销售过程的合规性。在转变为买方时，需要具备充足的资本实力和市场操作经验，能够妥善处理未售出的证券，最大限度地降低市场风险和财务风险。

值得注意的是，关于在承销期间承销商与发行人之间法律关系的性质，还存在着另外一种观点，即发行人与承销商之间存在着行纪关系。行纪关系是一种特殊的代理关系，行纪人（承销商）以自己的名义为委托人（发行人）办理事务，但事务的法律后果直接由委托人承担。根据《中华人民共和国民法典》（以下简称《民法典》），所谓"行纪"是指一方根据他方的委托，以自己的名义为他方的利益从事各种商业交易，并收取报酬的营业活动。从事行纪活动之人，被称为行纪人。"其他方"被称为委托人。委托人与行纪人签订行纪合同。行纪人为委托人的利益与第三人所从事的交易称为实行行为，第三人被称为相对人。根据以上内容以及《民法典》的规定，行纪合同是行纪人以自己的名义为委托人从事贸易活动，委托人支付报酬的合同。同时《民法典》也指出，对没有特别规定的内容，行纪合同可以参照适用委托合同的有关规定。由此可见，行纪合同是一种特殊的委托合同。行纪合同和委托合同都是为委托人处理事务的合同，具有一些共同特征，两者都是为委托人提供服务和处理事务的合同，是基于双方的相互信任建立的，并且适用《民法典》的相关规定。但行纪合同与委托合同也存在着一些区别。在适用范围上，行纪合同仅限于购、销和寄售事务，而委托合同涉及除必须由特定当事人处理以外的所有民事活动。委托人的法律地位在行纪合同与委托合同中也有所不同：行纪合同中，行纪人以自己的名义从事法律活动，委托人不享有权利也不履行义务；在委托合同中，受托人以委托人的名义从事活动，受托人与第三人订立的合同对委托人直接发生法律效力。在提供服务的活动方式上，行纪人有权以自己的名义与第三人签订合同，必要时可介入交易活动；在委托合同中，受托人则必须在委托人指示的权限内工作，始终受委托人意志的控制。在有偿性方面，行纪合同必然是有偿合同，而委托合同可以是有偿合同，也可以是无偿合同。行纪合同与委托合同的共同特征与主要区别如表1-2所示。

表1-2　行纪合同与委托合同的共同特征与主要区别

		行纪合同	委托合同
共同特征		为委托人提供服务、处理事务	
		基于相互信任建立	
		适用《民法典》规定	
主要区别	适用范围	仅限于购、销和寄售事务	涉及民事活动中除必须由特定当事人处理以外的民事活动
	委托人的法律地位	行纪人以自己的名义从事法律活动，委托人不享有权利也不履行义务	受托人以委托人的名义从事活动，受托人与第三人订立的合同对委托人直接发生效力
	提供服务的活动方式	行纪人有权以自己的名义与第三人签订合同，必要时可介入交易活动	受托人必须在委托人指示权限内从事工作，始终受委托人意志的控制
	有偿性	行纪合同必然是有偿合同	委托合同可以是有偿合同，也可以是无偿合同

笔者认为，应以行纪合同观点解释证券承销期内承销商与发行人之间的法律关系，原因在于这种解释更符合承销商的功能定位，可以促进承销商在承销活动中更好地发挥其专业性和市场功能。在行纪合同视角下，承销商系以自己的名义进行证券的推介、销售和市场操作，以承销商的市场声誉和专业能力吸引投资者，使得投资者可以基于对承销商的信任和了解而购买证券，从而提升了证券的市场认知度和投资者的购买意愿，提高了成功发行的可能性。作为行纪人，承销商在执行推销任务时，可以根据市场状况和投资者反馈灵活调整销售策略和操作方式，使得承销商能够对市场变化做出快速反应，在市场需求旺盛时，承销商可以通过增加路演和市场宣传，进一步推动销售；在市场低迷时，承销商可以调整定价策略或延长销售期限，以确保

发行的顺利进行。这一模式充分发挥了承销商的能动性，同时也有利于发行人的市场形象和品牌价值的维护，实现了双赢。

综上，笔者认为，在采用代销方式发行证券时，发行人与承销商之间存在行纪法律关系。在采用包销方式发行证券时，如为全额包销，则发行人与承销商之间存在着买卖合同关系；如为余额包销，则根据承销活动的时间不同，发行人与承销商之间存在着行纪法律关系以及买卖合同关系两种法律关系。

实践中存在发行人请求承销商承担赔偿责任的案例。例如，某企业与一家投资银行签订了承销协议，银行承诺将帮助企业承销公开发行新的股票。然而，由于承销商未能在约定时间内完成股票的发行工作，导致该企业错过了市场最佳融资时机，发行人股价因市场波动而受损。企业提起诉讼，要求承销商赔偿由于股票发行延迟导致的直接损失及由此错失的潜在市场机会造成的间接损失。企业提供了详细的财务报表和市场分析报告以及金融专家的证词，充分证明了其损失的存在及范围，法院最终判决承销商需赔偿企业由于发行延迟导致的直接经济损失及间接的市场机会损失。

（二）证券主承销商与分销商的法律关系

如在某次证券发行中，一次性发行的数量特别大，则法律规定可以由多家承销商共同组成承销团承担承销责任。所有担任主承销商的证券公司应当共同承担主承销责任，履行相关义务。其中，牵头主承销商一般为代表承销团与发行人签订承销合同的实力雄厚的大证券公司，一般由竞标或协商的方式确定，其任务主要是负责组建承销团，代表承销团与发行人签订承销协议等文件，决定承销团成员的承销份额等。这一模式分担了单个承销商的销售风险，也汇集了多家机构的资源和专业知识，确保发行能够顺利进行。在这个过程中，牵头主承销商需要确保市场调研、定价、销售等活动都符合高标准的职业操守和法律法规，确保所有提供给投资者的信息都是真实、准确、完整和及时的，避免任何形式的虚假陈述。另外，牵头主承销商还需在发行结束后继续跟踪证券的市场表现，持续提供必要的支持和信息，维护市场的稳定和投资者的信心。而承销团中各成员需要定期召开会议，分享市场信息和策略，及时解决发行过程中出现的问题，从而能够分担和管理风险，充分利用自己的市场资源和专业优势，优化发行效果。承销团中的成员需要具备高度的责任感和专业精神，严格遵守法律法规和职业道德。

《证券法》曾规定，向社会公开发行的证券票面总值超过人民币5000万元的，应当由承销团承销。承销团应当由主承销与参与承销的证券公司组成。2019年，《证券法》修订后删除了上述规定，目前承销商在承销证券时可以自行选择是否组成承销团。在承销商选择组建承销团的情况下，将会形成两个关键合同，一个是证券发行人与主承销商之间签订的承销协议，另一个是主承销商与承销团其他成员之间签订的承销团协议。一方面，证券发行人与主承销商之间的权利义务关系通过承销协议来约定。一般而言，承销协议中会约定主承销商应充分发挥其专业知识，协助发行人准备并完善招股说明书/募集说明书、财务报表、法律意见书等一系列发行必需的规范性文件，确保相关信息披露的合法合规，保证文件的真实性、准确性、完整性，避免任何虚假陈述，以满足监管机构和投资者的需求。在此基础上，主承销商需要承担路演的责任，通过精心策划和执行路演，确保有效传递关键信息，增强投资者信心，为发行成功奠定基础。另外，在证券定价和销售环节，主承销商需要通过市场调查和数据分析，合理确定发行价格，以自己的名义进行推介和销售活动，利用其广泛的市场网络和资源，最大限度地推广证券，确保销售顺利进行。在这一法律关系中，主承销商需要始终保持高度的职业道德和责任感，严格履行诚实守信、勤勉尽责的原则，确保所有操作的合法合规性，从而使得主承销商自身能够有效防范法律风险和声誉风险，树立良好的市场形象，提升市场信任度和竞争力。另一方面，主承销商与承销团其他成员之间的权利义务关系通过承销团协议来约定。承销团协议中基于各承销团成员的市场覆盖能力、历史业绩和专业领域等因素，规定了承销份额的分配，每个承销团成员都需要负责销售一定数量或比例的证券。在这一过程中，主承销商需要与其他成员定期沟通，统一销售方案和市场推广策略，确保能够形成合力，避免各自为政，保障市场信息和资源的有效整合，提高证券发行的整体效率和成功率。承销团协议中明确了销售收入的分配方式，一般而言，承销团成员的销售收入分配与各成员的承销份额和销售业绩相挂钩，主承销商会根据协议约定的比例和计算方式，公平公正地分配收入。同时，在承销期结束时如果仍有部分证券未售出，承销团协议中会规定各成员需按其承销份额比例，承担未售出证券的包销责任，这分散了市场风险，确保了发行人的融资目标能够顺利实现，也在一定程度上降低了主承销商的包销风险。在实际操作中，主承销商会设立专门的项目团队，负责日常的沟通协调、销售进度跟踪和问题解决，并定期组织承销团会议，汇报销售进展，交流市场信息，及时调整销售策略，以应对市场变化和挑战。承销过程中，承销团成员需根据承销团协议的约定，积极参与销售和推广活动，充分利用各自的市场网络和客户资源，共享信息和经验，形成整体合力。根据承销团协议的安排，主承销商能够有效组织和管理承销团成员，提升证券发行的成功率和市场影响力，承销团成员能够在承销团协议的框架下明确自身的职责和权益，积极参与市场推广和销售活动，共同推动证券发行的顺利完成，促进资本市场的健康发展。

如果选择通过组建承销团方式承销证券，主承销商需要建立一个高效的沟通机制，与承销团成员保持紧密联系，通过定期召开会议等方式，讨论和评估市场动态、销售进度和潜在问题，并及时调整销售策略和计划，以应对市场的变化和挑战。主承销商在承销团方式下，应制订涵盖客户沟通、信息披露、市场推广等销售活动各个方面的详细的操作规范和行为准则。其中，在客户沟通与信息披露中，承销团成员必须确保所传递的信息准确无误，避免任何形式的虚假陈述；在市场推广中，承销团成员必须遵循公平公正的原则，杜绝任何不正当竞争行为。同时，为了确保操作规范和行为准则的落实，主承销商应建立定期审核机制，通过现场检查、审计报告、内部评估等多种方式，定期分析销售数据和业绩，关注承销团成员的操作流程和合规情况，在发现违规行为时，及时采取措施进行纠正和处理。另外，主承销商应为承销团成员提供培训和综合支持。在培训方面，主承销商可以定期组织专业培训课程，邀请业内专家进行讲解，内容涵盖市场趋势分析、法律法规解读、合规操作指南等多个方面，以提升承销团成员的业务水平，增强其法律意识和合规意识，避免因操作不当而引发的法律风险。在综合支持方面，主承销商应建立一支完善的支持团队，涵盖技术支持、法律咨询、市场分析等多个方面。例如，在面对复杂的市场环境和法律问题时，支持团队可以提供专业的咨询服务，帮助承销团成员制订合规的操作方案；在进行市场推广和客户沟通时，支持团队可以提供数据分析和策略建议，确保推广活动的有效性和合规性。总之，主承销商应通过全方位的措施、多层次的监督和支持，确保承销团的整体操作水平，增强市场对发行项目的信任和认可，推动证券发行的成功和资本市场的健康发展。

（三）承销商与投资人的法律关系

我国《证券法》八十五条规定，"信息披露义务人未按照规定披露信息，或者公告的证券发行文件、定期报告、临时报告及其他信息披露资料存在虚假记载、误导性陈述或者重大遗漏，致使投资者在证券交易中遭受损失的，信息披露义务人应当承担赔偿责任；……保荐人、承销的证券公司及其直接责任人员，应当与发行人承担连带赔偿责任，但是能够证明自己没有过错的除外"。上述责任一般被学者称为虚假陈述民事责任，关于上述责任的性质，主要有侵权责任说、合同责任说和独立责任说三种观点，具体情况将于本章第三节中予以论述。因此，如存在虚假陈述，承销商与投资人之间可能会形成侵权法律关系。

五、研究范围

如上文所述，承销商在资本市场中担任资本筹集者、市场中介、风险管理者等多重角色，相对应地，其市场功能也体现在提供融资渠道、风险管理、信息传递、维护市场稳定以及担任专业投资等多个方面。由于篇幅及作者研究能力所限，无法做到将与命题有关的方方面面都尽述无遗，本书中拟将研究范围限定在承销商作为市场中介的角色以及其对应的信息传递市场功能，即本书中拟研究公司债与股票发行的承销商在担任中介机构、发挥信息传递市场功能时因违反相应义务所应承担的民事责任，进一步来讲，也就是上文述及的在承销商与投资人的法律关系中可能形成的侵权责任。

第二节　承销商民事责任承担现状

"责任"一词在法学上有多种含义：①表示职责，比如生产责任制、岗位责任制等；②表示义务，如举证责任、保证责任等；③表示因不履行义务而受到某种制裁，如违约责任、侵权责任等。本书的研究中，除本节讨论的"民事责任承担现状"取第②种"义务"的含义外，本文其他部分均取第③种含义。

一、承销商的信义义务

信息披露制度是世界各国证券监管制度的基石，公众投资者从证券市场上获取真实、准确、完整的信息，是其对所购买证券未来所得利益进行合理预期的前提，而这种对利益预期的确定性有利于提振投资者的信心，从而确保资本市场能够持续具备活力。对此，我国《证券法》第十九条规定，"发行人报送的证券发行申请文件，应当充分披露投资者作出价值判断和投资决策所必需的信息，内容应当真实、准确、完整。为证券发行出具有关文件的证券服务机构和人员，必须严格履行法定职责，保证所出具文件的真实性、准确性和完整性。"除要求发行人自身真实、准确、完整地披露信息外，作为资本市场"看门人"的承销商也要对披露信息承担审核把关责任，从而进一步确保信息披露质量、保护投资者利益。为确保公开发行募集文件的真实性、准确性和完整性，承销商必须采取必要的尽职调查措施，对发行人相应的信息进行核查验证。对此，我国《证券法》第二十九条规定，"证券公司承销证券，应当对公开发行募集文件的真实性、准确性、完整性进行核查。发现有虚假记载、误导性陈述或者重大遗漏的，不得进行销售活动；已经销售的，必须立即停止销售活动，并采取纠正措施。"学者们一般将上述义务称为承销商的"勤勉尽责义务"。向承销商施以勤勉尽责义务，可以确保承销商在承销过程中恪守法律和道德标，为发行人利益行事。在资本市场中，该义务要求承销商在提供服务时具备高度的专业性、谨慎性和诚信精神，以保护投资者利益并维护市场秩序。承销商需要严格遵守执业规范和职业道德，确保其操作的合法性和透明性。承销商根据《证券法》的要求所承担的勤勉尽责义务具备法定性，要求承销商在承销活动中应坚持高道德标准和法律规范，将投资人的利益置于自身利益之上，这种义务是一种信义义务。

（一）信义义务的概念与起源

信义义务概念的形成，标志着商业行为规范和道德责任的法律化，有助于确保商业和金融活动中的信任关系得到恰当的维护与尊重。信义义务的核心在于那些被委以特定责任的受托人，在行使职责时须极度忠诚和诚信，保证利益相关者的权益不受损害。

信义义务的根源可以追溯到19世纪的英国法律，当时的法律体系正在从封建制度的束缚中逐步解放出来。在19世纪时，法律实践主要分为两大体系：刚硬的"普通法"和更为灵活的"衡平法"。信义义务概念最初于衡平法中被提出和发展，旨在解决普通法难以公正处理的案件，尤其是那些涉及信任和权力滥用的情况。在17世纪和18世纪，随着商业交易的不断增多和复杂化，尤其是在金融和海外贸易快速发展的背景下，信义义务的法律概念开始被具体化，并在英国法律中占据了显著的地位。这一时期，英国的法院开始认定那些处于信托地位的个体（如托管人、法律顾问、财务顾问等），在其职责执行中须避免利益冲突，并且优先考虑委托人的利益。

到19世纪，随着资本主义的兴起和企业形式的发展，信义义务概念得到了进一步的扩展。此时，英国经历了工业革命和资本市场的经济变革。法律界认识到，在新的经济环境下，传统的法律概念需要被更新，以保护投资者和合伙人免受不公正行为的侵害。因此，信义义务被明确适用于公司董事和高级管理人员，他们被要求以最大的诚信度执行其对公司和股东的责任。

随着英国法律的全球影响力对扩展从英国发源的信义义务概念，，逐步被其他国家采纳和本土化。美国的法院系统和监管机构如证券交易委员会（Securities and Exchange Commission，SEC）通过一系列法规和判例，明确了投资顾问、公司董事和其他金融服务提供者须遵守的信义义务标准。在现代法律实践中，信义义务要求存在于权利不对等、需要信任的关系中。如医生与病人、律师与客户之间的关系，都可能涉及信义义务的应用，强调信义义务在保护弱者方面的权益、预防权力滥用和维护社会公正方面的关键作用。

（二）信义义务的法律特质

1.信义义务的法定性：不可以合同法思维替代信托法思维

信义义务的法定性是指法律对于特定角色或职务所赋予的高度道德和法律责任。在法律框架中，信义义务个体间的契约关系是直接由法律规定的，针对管理或代理他人财产和权利的受托人，通常是基于他们的诚信、忠诚和勤勉来执行其职责。法律对这类职责进行强制要求的基本法理在于，当个体或机构因其专业能力或职务地位而处于可以影响他人利益的位置时，应由法律来确保这种权力不被滥用。因此，信义义务的法定性不只是要求受托人遵守合同的字面意义，更重要的是要求他们在所有行为中坚持最高的道德标准和法律规范。确保在信托关系中，不论合同是否明确，受托人都必须将委托人的利益置于自身利益之上，严格避免任何的利益冲突，全面、透明地披露所有关键信息，并且采取所有必要措施来保护和增进委托人的利益。

信义义务与合同义务之间的区别体现在它们各自的法律逻辑和目的上。合同法基于契约自由的原则，主要是保障和执行当事人之间自愿达成的协议。在合同法中，双方的权利和义务直接源自他们的协商和约定，法律主要是作为中立的仲裁者，确保合同条款得到公正的执行，并在发生争议时提供解决机制。合同法注重的是合同双方的利益平衡和交易的经济效率，不深入考虑一方对另一方的保护责任，除非这种责任在合同中被明确规定。相反，信义义务强调基于不平等信任关系的法律责任。在这种关系中，受托人因其职务或专业角色被赋予了较高的权力和控制权，法律要求其除需要遵守基本的合同义务外，还须在行为上展现出超越常规合同条款的高度忠诚和诚信。信义义务的存在是为了确保受托人在所有决策和行为中首先考虑的是委托人的最佳利益，严格避免利益冲突，并采取一切必要措施保护委托人的权益。因此，信义义务在法律上可以为弱势方提供额外的保护。

在信托法的框架下，若受托人未能恪守忠诚、勤勉、诚信和透明的信义义务，他们将面临赔偿损失和归还不当得利等民事责任，并受到法律或其他监管措施的惩罚。具体而言，董事如果未能在决策中优先考虑公司的利益，违反信义义务会被要求赔偿因其行为对公司造成的损失，并面临董事职务的禁止。另外，当涉及重大的欺诈或背信行为时，信义义务的违反可能还会触犯刑事法律。这些法律后果的设计旨在通过高标准的责任约束，促使处于受托地位的个体或机构在其行为上展现出最高水平的诚信与透明度，确保他们不会利用职务上的优势损害委托人或受益人的利益。因此，信义义务的严格执行与监督能够保护委托人的利益，有助于维护整个社会的信任机制和市场的公正运行。

2. 信义义务适用的广泛性：基金业的各种法律结构均适用信义关系

信义义务适用的广泛性主要体现在，在基金业的各种法律结构中均予以适用信义义务，这反映了其在金融领域内维护投资者利益和市场正义的核心作用。共同基金、养老基金、对冲基金等，都建立在信任的基础之上，其中管理人（受托人）被赋予了管理和运用投资者（委托人）资金的责任。在这种结构中，信义义务确保管理人在进行投资决策和资金管理时必须优先考虑投资者的利益，严格遵守忠诚、勤勉和诚信的标准。

基金业中信义义务的关键组成部分为忠诚义务、勤勉义务、信息披露义务和监管遵从。这些义务共同构成了管理人在管理和运用投资者资金时必须遵守的法律和道德标准。第一，忠诚义务。忠诚义务要求受托人在其职务执行中须始终将投资者的利益置于首位。这意味着管理人需避免任何导致利益冲突的行为，包括防止自我交易、防止利用职位优势进行内线交易等。管理人不得从事任何可能损害基金资产或投资者利益的活动。同时，忠诚义务还要求管理人在遇到任何影响投资者利益的情况时，必披露相关信息并采取措施消除不利影响。如管理人或其关联人从某笔交易中获益，其必须事先向投资者或基金董事会报告这一情况，并取得相应的批准。第二，勤勉义务。勤勉义务要求受托人在投资决策和基金管理过程中展现出应有的专业性和谨慎性。管理人须对市场进行充分研究，确保所有投资决策都基于充足的信息和合理的分析。管理人应采取合适的策略以符合基金的投资目标，并持续监控市场条件和投资组合的表现，适时调整策略以使基金资产得到保护和增长。同时要求管理人维护和增进基金的长期利益，选择合适的第三方服务提供者（如托管人和顾问），监督他们的表现以确保服务质量。第三，信息披露义务。信息披露义务需确保所有重要信息都能及时、公正和全面地被披露给投资者。承销商需要向投资者提供准确的投资策略、资产配置、收费结构、收益情况以及任何可能影响投资者决策的重大事项等基金运作信息，这将有助于投资者做出知情的投资决策，并增强基金市场的整体透明度和公信力。第四，监管遵从。监管遵从要求受托人遵守《证券法》《中华人民共和国反洗钱法》、税法和公司治理规则等所有适用的法律和监管要求，确保所有操作都在法律框架内进行，并应对所有监管要求保持敏感和响应度，通过定期向监管机构报告基金的财务状况、交易活动和合规情况，以及响应监管机构的审查和调查，来维护基金及其管理人的声誉和市场地位。

综上所述，忠诚义务、勤勉义务、信息披露义务和监管遵从可以共同构成受托人在信义义务框架下的行为准则，确保受托人在高度复杂和动态的金融市场中能够以最高的道德和法律标准行事，有效保护投资者的利益，并促进整个市场的健康发展。

3.信义义务标准的严格性：商事判断规则

信义义务标准的严格性尤其体现在处理受托人决策过程中的商事判断规则问题上。商事判断规则（Business Judgment Rule）是一项法律原则，可以保护企业决策者在做出商业决策时只要没有违反诚信和合理性，即使结果不利，也不会因此承担责任。商事判断规则的存在是为了鼓励企业决策者在不受过度法律风险的威胁下，能够自由地进行合理的风险尝试。

商事判断规则主要是为了鼓励和保护企业决策者在不涉及欺诈、违法及利益冲突的前提下自由地作出商业决策。在复杂的商业环境中，即使是经验丰富的管理者也难以保证每一项决策都能成功。因此，只要管理者的决策是在合理的调查和商业逻辑基础上做出的，他们就不应因结果不佳而承担法律责任。然而，信义义务要求受托人在执行职责时必须以最高标准的诚信和勤勉来保护和优先考虑委托人的利益。在信托关系中，受托人的任何决策都必须避免利益冲突，并确保所有行动均以增进委托人利益为目标。这意味着，即使在商事判断规则的保护伞下，受托人在做出影响委托人财产的重大决策时，仍需展现出超越常规商业判断的审慎程度。因此，当受托人的决策被质疑是否真正符合委托人最佳利益时，即便这些决策在商业逻辑上是合理的，也因未充分考虑或保护委托人利益而面临法律挑战。在实际操作中，如何平衡商业判断的自由与履行信义义务的严格要求成为法律实践中的一大挑战。

解决信义义务与商事判断规则之间的冲突，需要在保护受托人合理决策自由与确保其严格履行信义义务之间找到平衡点。首先，可以通过增强决策过程的透明度来实现这一目标。受托人应被要求详细记录他们如何评估各种选项以及如何确保所选方案最符合委托人的利益的决策过程。为受托人提供在面对法律审查时所需的证据，增加整个决策过程的透明性，有助于委托人和其他利益相关者理解决策的基础和动机。其次，需要对受托人进行定期的培训。通过培训强调信义义务的具体内容，避免在实践中因应用商事判断规则而违反了信义义务。同时，受托人应建立独立的监督机构或委员会，专门负责审查重大决策。该机构应该由具有相关法律和行业知识的成员组成，他们的任务是确保所有决策都是在没有利益冲突的情况下作出的，并且真正符合委托人的最佳利益，这可以减少滥用商事判断规则的行为，增强受托人决策的合法性和合理性。最后，制订明确的指导方针和标准，为受托人的决策提供具体的框架。指导方针中应明确哪些类型的决策需要更严格的审查，哪些情况下受托人应寻求外部咨询或同意，以及如何正确处理可能的利益冲突。具体措施的出台可以有效地解决信义义务与商事判断规则之间出现的问题，确保受托人在履行职责时能够既保持必要的决策自由，又严格遵守其法律义务。

（三）信义义务的内容

1.忠实义务

忠实义务要求受托人在其行为和决策中绝对忠诚于委托人的利益，即委托人的利益优先于任何个人或第三方的利益，以确保受托人在处理或管理委托资产时，其行为不受私人利益的影响，避免任何形式的利益冲突，从而维护委托人的最大利益。忠实义务的具体表现涵盖了避免利益冲突、不从事自利活动、保密和公平对待多个方面，要求确保受托人在执行其职责时，能够维护和增进委托人的利益，而不是追求个人利益或受第三方影响。

第一，避免利益冲突。这是忠实义务中最基本也是最关键的要求。受托人须确保在任何情况下，其个人利益或与第三方的关系不会影响到对委托人的服务。如受托人同时代表两个竞争的客户，须披露这种潜在的冲突，并在必要时退出某一方的代表权，以确保能够公正无私地服务于每一位委托人。

在金融服务领域，受托人不得利用自己获取的内幕信息进行交易或推荐交易从而损害委托人的利益。

第二，不从事自利活动。在信义义务的框架内，不从事自利活动是指受托人在行使其职责时，不得利用其掌握的信息、职位或资源为自身或亲近关联人谋取未经授权的利益。同样，受托人也不得接受与其职责相关的任何形式的私下回报，如秘密佣金或其他形式的非正式利益。这种自利行为会侵犯委托人的权益，导致直接的财务损失，严重损害受托关系中的信任基础。

第三，保密。保密义务要求受托人对所有委托人提供的信息进行严格保护，不得无授权地将个人数据、财务细节、商业策略及任何其他敏感信息透露给任何第三方。受托人有责任实施有效的保密措施，确保这些信息不会被泄露或被滥用。实践中，律师、医生、会计师等专业人士对日常工作中获取的客户信息应当严格保密，只在法律允许或客户同意的情况下才能披露。另外，保密义务在受托关系结束后依然有效，确保信息在任何时候都不会被错误地使用或公开。采取高标准的保密措施有助于维护客户信任和行业声誉。

第四，公平对待。公平对待义务要求受托人在服务所有委托人时必须保持一致的标准和公正的态度，确保不因个人偏好、外部压力或潜在利益而歧视或偏袒任何一方。其中，如受托人为律师事务所、财务顾问或资产管理公司等，他们会同时服务于多个客户。公平对待所有委托人意味着受托人需在提供服务、分配机会及利用资源时均体现出均等和公正。如在投资管理中，受托人应确保所有客户根据其投资目标和风险偏好得到恰当的建议和机会，而不是基于其资产规模或其他不公因素进行差异化对待。另外，受托人还需不断进行自我评估和接受独立的审查，以识别和纠正可能的偏见或不公平行为。通过审查，受托人可以维护和增强信托关系的质量，建立强大的职业信誉，并促进整个行业的健康发展。

2.注意义务

注意义务要求受托人在其行为中体现出与合理的、有能力的同行相当的谨慎和关注。具体而言，注意义务意味着受托人须在作出任何重大决策之前进行充分的调查和评估，以确保他们的行为基于充足的信息和合理的判断。注意义务具体表现为充分调查、专业知识的运用与更新、风险管理、记录和报告以及应对复杂情况的能力，通过履行这些义务来展示受托人应如何实施这一义务以确保委托人利益的最大化。

第一，充分调查。受托人在做出任何具有重大影响的决策之前，须进行充分的调查。在评估投资机会、签订合同或进行其他任何可能影响委托人财务状况的活动时，受托人需充分收集所有相关的市场信息、法律意见以及财务数据，确保决策能够基于全面而准确的信息做出。

第二，专业知识的运用与更新。受托人须运用适当的专业知识来管理和处理委托人的事务。通过运用财务管理、法律和行业相关的知识来制定策略和解决问题，并持续更新其专业知识和技能，以跟上行业发展和最新的市场趋势。例如，金融顾问应保持对金融市场动态的深入了解，掌握最新的投资工具和策略，同时也需及时了解相关的监管政策变化，以最大限度地维护委托人的利益。

第三，风险管理。受托人应采取有效的风险管理措施来保护委托人的资产和利益。例如，受托人可以通过合理分散投资组合、采用风险对冲策略以及适时调整资产配置等方式，以应对法律风险、市场风险和操作风险。又如，受托人应及时评估和准备应对经济衰退、利率变化或其他外部事件对委托资产可能造成的影响。

第四，记录和报告。受托人应详细记录所有决策过程、执行的操作及其理由，这些记录应能够清晰地说明受托人是如何履行其职责的。透明的记录和报告机制可以增加受托行为的可追溯性，为委托人提供了监督和评估受托人表现的依据。

第五，应对复杂情况的能力。在面对市场动荡、法律变更或其他突发事件时，受托人须能够迅速评估情况，并采取适当的行动以保护委托人的利益。这要求受托人具备快速决策的能力，并能在压力下维持冷静和理性，确保所有行动都经过慎重考虑并符合专业标准。

综上所述，注意义务要求受托人在履职时须展示出高度的专业性、谨慎性和透明度，确保其决策和行为的合理性和有效性。违反信义义务会导致严重的法律后果。首先，如果受托人的行为导致委托人财产损失或未能获得应有的收益，受托人需要承担赔偿责任，补偿委托人因其疏忽或不当行为所遭受的损失。其次，若受托人的行为涉及欺诈、故意或重大过失，会面临罚款或监禁等更严厉的刑事责任。在一些司法管辖区内，对信义义务的违反还会导致职业禁止令或执照吊销等行政处罚，对受托人的职业生涯产生长远的负面影响。

承销商与投资人之间存在信义法律关系。在信义义务的要求下，承销商应诚实守信、勤勉尽责地履行好信息披露义务和尽职调查义务。但目前承销商在信息披露义务和尽职调查义务的履行方面，还存在一定问题。

二、信息披露义务及承担义务现状

信息披露义务是承销商信义义务的一个重要方面。信息披露义务要求承销商向潜在投资者和市场公开所发行证券的性质、潜在风险、发行人的财务状况以及发行条款和条件等重要信息。履行信息披露义务的目的是保证所有市场参与者在做出投资决策时均基于完整和准确的信息。为满足信息披露义务的要求，承销商须遵循一系列详细而严格的执业标准，以保证所有潜在投资者接收到的信息是全面、及时、准确的，具体而言：全面性是指承销商应督促发行人提供公司的财务状况、经营结果、资产负债表、现金流量表以及利润表等关键信息。此外，还需要披露与公司业务直接相关的市场动态、技术发展、竞争对手情况以及任何可能影响公司业务的法律或政策变化。总体而言，披露的信息应包含一切对投资者做出投资决策具有重大影响的信息。

及时性是指承销商须在知悉发行人财务预测的变动、新的重大合同、重大诉讼或其他法律程序的更新以及重要管理层变动等任何影响证券价格的重要信息后，应及时更新招股说明书和其他相关披露文件，确保投资者在做出投资决策时可以依据最新的信息。

准确性是指承销商提供的信息应真实、准确无误，并且没有虚假记载、误导性陈述或重大遗漏。这就需要承销商要对披露的信息进行严格的验证，确保其真实性、完整性和可靠性。准确性的要求不仅适用于财务数据，也适用于描述公司业务、市场状况或未来发展方向的陈述。承销商应避免使用模糊的表述或过分乐观的语言，以免误导投资者。

违反信息披露义务的法律后果非常严重。首先，承销商可能会受到监管机构的处罚，包括高额罚款、业务操作限制，甚至吊销执照等。这些措施旨在惩戒不当行为并防止未来的违规，同时也对市场上其他的承销商起到警示作用。其次，如果因信息披露不当导致投资者损失，承销商还会面临民事诉讼，被要求赔偿投资者的损失。最后，在更严重的情况下，如故意误导投资者，承销商及其相关责任人可能面临刑事起诉，导致判处监禁或更重的刑事处罚。因此，严格遵守信息披露义务是承销商保护自身免受法律风险的关键，也是维护市场公信力和投资者信心的基础。目前承销商在信息披露义务的履行方面，尚存在如下不足。

（一）信息披露内容方面

在当前的证券市场中，承销商在证券发行时承担着对发行人提供的信息进行详细审核并确保其准确披露的责任。我国《证券法》第七十八条规定了信息披露的标准，即"……信息披露义务人，应当及时依法履行信息披露义务。信息披露义务人披露的信息，应当真实、准确、完整，简明清晰，通俗易懂，不得有虚假记载、误导性陈述或者重大遗漏"。由此，信息披露应符合真实、准确、完整、及时、简洁、易懂等要求，不得有虚假记载、误导性陈述或者重大遗漏。在实际操作中，部分承销商在信息披露方面与法律要求仍存在较大差距，无法满足法律规定的信息披露要求，未能完全履行其应尽的责任。一些承销商由于内部控制不力、审核流程不严谨，导致披露的信息存在遗漏或不准确的情况，影响了投资者的判断和决策，也对市场的健康发展构成威胁。

1.信息披露不完整

承销商在进行信息披露时，会因为种种因素影响未能包含发行人的全部关键信息，这种遗漏可能是无意的，也可能因为承销商对信息的重要性判断失误导致，这种信息的重大遗漏会直接影响投资者的决策，使其无法完全了解投资面临的风险。在信息筛选问题中，承销商的筛选行为可能是基于对市场反应的预测或者意图美化发行人形象，以吸引更多投资者，因此未提供关于潜在风险和挑战的完整信息，从而影响投资者做出全面的投资决策。在一些案例中，承销商会故意突出发行人的市场优势，过分强调发行人在某个快速增长的市场中的地位，忽视了竞争加剧、监管变化或经济环境恶化等可能影响该市场的因素，这样的信息容易导致投资者对投资风险的误判，进而导致其遭受财务损失。此外，还存在承销商对行业知识理解不足或对市场动态误判的情况，如低估了某些运营风险或市场竞争的影响，从而不能将重要的信息纳入披露文件，进而损害了投资者利益，影响了承销商的信誉和市场地位。

2.信息披露不真实、不准确

承销商在披露信息时容易出现数据错误、事实陈述不准确或解释失当的情况，如在披露过程中过度美化发行人的财务状况或市场前景，或者在解释复杂的财务数据时出现错误，致使投资者基于错误信息做出投资决策。其中，承销商在披露发行人的盈利能力或资产负债表时，存在未能充分理解会计准则的变化或是特定行业的财务报告标准，导致财务数据被错误地呈现或解释的情况，从而在编制招股说明书或募集说明书时，忽略了对某些关键财务指标的适当解释，损害了信息的准确性，进而误导投资者，使其无法对发行人的真实财务状况做出准确的判断。此外，有时由于内部政策、市场策略或简单的疏忽，存在承销商在相似情况下提供不同信息的情况，或在披露方式上存在差异，这种不一致性容易误导投资者，影响其对信息的正确理解。一方面，承销商在不同的发行中对相似的风险或市场条件采取不同的描述方式，或者在处理类似的财务信息时采用不同的展示方法。例如，对于同类的财务问题，在某些情况下会详细披露，在其他情况下会被轻描淡写，这混淆了投资者的判断，削弱了市场信息的可靠性。以负债水平为例，承销商应详细地披露企业的负债情况，包括债务的具体结构、到期时间、偿还能力等内容，使得投资者能够全面理解企业的财务状况，准确评估投资风险，作出更为理性的投资决策。然而，在一个期望快速完成发行的项目中，承销商会更倾向于不突出企业的高负债问题，以免影响发行的成功率或投资者的投资兴趣。这种针对不同发行情况采取不同描述方式的行为，容易造成市场信息的不一致性，降低市场的透明度。当承销商在信息披露中表现出明显的不一致性时，会引起市场对其专业性的质疑，甚至影响其在市场中的竞争地位。另一方面，承销商在披露与发行人相关的关键业务决策或市场动向时，对于一家业绩增长迅速的公司，承销商可能会详细披露其增长指标、市场扩张计划或新产品的成功上市等信息，而忽视或轻描淡写其面临的运营风险、市场竞争压力或是财务上的潜在问题。相反，对于一些业绩不佳或面临财务困境的公司，承销商可能不会充分披露其债务问题、减少的市场份额或管理上的问题，而是尽可能突出其少数正面因素或潜在的回转机会。这种信息的不平衡损害了市场的信息传播效率，也对投资者构成了误导，使其难以做出全面和客观的投资决策，致使其承担不合理的风险同时这也会影响公司的市场估值，对表现良好的公司造成过度炒作，而对表现不佳的公司来说，则导致其市场估值低于其真实价值。长远来看，这种信任的丧失将削弱市场的竞争力和吸引外部投资的能力，影响资本市场的长期健康发展。

3.风险揭示不充分

信息披露文件应向潜在投资者揭示发行人的各种风险，确保投资者能够基于充分的信息进行理性投资。然而，在实际情况中，承销商在把握风险揭示信息方面尚存在若干问题，影响了风险信息披露的完整性和及时性，增加了投资者面临未知风险的可能性。风险揭示不充分可能属于信息披露不完整，也可能属于信息披露不真实、不准确，存在一定特殊性，因此在此单独予以论述。

（1）不完全的风险揭示

理想情况下，信息披露文件中应当提供全面的风险信息，包括投资可能面临的市场波动、法律变更、经营失败等多方面的风险。然而，现实中的操作与理想有所偏差，影响了投资者的决策质量，导致市场的效率和公正性受损。第一，承销商在进行风险评估时容易出现疏忽，未能充分考虑到市场环境的复杂性，或是在评估相关法律和政策变动时缺乏足够的前瞻性，不能全面揭示所有潜在的负面风险，基于长期的角度会损害投资者的利益和市场的信任度。在快速变化的市场条件下，突发的经济危机、政治不稳定、技术的快速迭代等新的风险因素不断出现，部分承销商的风险数据库和投资分析不能迅速跟上，无法及时提供给投资者最新的风险信息，影响投资者做出准确的投资决策，极端情况下可能会在市场上造成不必要的恐慌。在高度波动的市场条件下，这种问题会导致投资者面临重大的财产损失，影响投资者对市场的整体信心，从而导致资本撤离，影响市场的长期稳定和健康发展。第二，在竞争激烈的市场中，为了吸引更多的投资者参与证券发行，承销商可能倾向于突出投资项目的积极面，没有充分揭示与投资相关的监管风险、市场接受度、竞争对手的动向或技术上的不确定性，对影响投资者决策的潜在风险采取轻描淡写或避而不谈的态度，这损害了投资者获取全面信息的权利，侵蚀了市场的完整性和公正性。长此以往，这种行为会损害承销商的声誉，一旦投资者意识到信息被有意隐瞒，容易失去对承销商甚至整个市场的信任。因此，承销商在进行风险揭示时，应严格遵守相关法律法规，坚持诚实、透明的原则，确保所有潜在的风险都被公正、客观地呈现给所有的投资者。

（2）复杂技术和条款风险披露不充分

在金融市场中，技术和条款的复杂性体现在那些被设计用来追求特定投资目标或风险调整策略的结构化金融产品和衍生品上，这类产品依赖于高度复杂的金融工程技术，具备期权、期货和掉期等各种金融衍生工具的特点。在金融市场中，这类产品本身的结构性复杂度增加了其本身的不透明度，即便是资深的金融专业人士也可能无法完全解析其内部运作机制和潜在的风险，更加阻碍了一般投资者对投资产品风险的理解和评估，使其在不完全了解的情况下做出投资决策，从而暴露于未充分识别和理解的风险之中。

同时，这类产品的合同文本中存在各种法律和技术的细节，涉及特定市场条件下的支付流、信用事件的定义以及对不同市场情况的响应机制等内容。例如，某些产品包含的条款可能在特定的市场指标达到某一水平时自动触发买卖选项，如对这些事项不予充分提示，很容易在相关事项触发时对投资者造成意外的财务影响，导致市场参与者反应过度或不足，也容易加剧市场的整体不稳定性。某些复杂的金融衍生品在特定的市场触发事件下还容易快速贬值或引发巨额的赔付责任，而这些触发条件在合约条款中可能只是含糊其辞或埋藏在技术细节之中。总之，这种技术和条款的复杂性为投资者带来了极高的风险理解门槛，给市场监管机构带来了巨大挑战，使监管行动在有效性和及时性上面临诸多阻碍。由此，整个金融市场的透明度和公平性都受到了影响，增加了系统性风险的潜在威胁，影响到金融市场的稳定和健康发展。

4.小结

在理想的情况下，承销商应当披露全面、透明的信息，以确保所有市场参与者都能在公平的基础上做出决策。然而在实际操作中，承销商披露的信息往往未能达到应有的透明度，从而给投资者造成了损失。笔者认为，造成以上情况的原因主要在于承销商的技术限制、操作规范的缺失以及其他管理上的疏忽等方面。在技术应用方面，虽然现代信息技术的发展为资本市场的信息处理和传播提供了强大的支持，但在实际应用中，部分承销商存在技术更新不及时或系统维护不到位的问题，容易导致信息处理速度慢、错误率高，不能及时准确地向市场和投资者披露相关信息，进而影响整个资本市场的信息披露效果和市场效率。在操作规范方面，承销商在没有明确统一的操作标准和规范的情况下，在信息披露过程中容易根据自身的解释随意操作，容易忽略对某些负面信息的披露，或者在不完全了解信息真实性的情况下，发布过于乐观的企业业绩预测，这增加了市场的信息不对称，降低了投资者对市场公正性的信任，增加了市场的不确定性和投资风险。在管理疏忽方面，由于监管不严格、内部控制松懈或专业能力不足等问题，承销商不能对发行人提供的信息进行充分的核实和审查，存在对市场动态理解不足或误判市场需求的情况，最终导致披露的信息无法满足投资者的投资需求，损害了投资者的利益，使他们在信息不足的情况下作出投资决策，承担额外的风险，也影响了资本市场的整体健康发展。承销商做为连接发行人和投资者的重要桥梁，其信息披露的全面性和准确性影响着承销商的信誉，也影响着投资者对市场的信心。

综上所述，在实践中，一些承销商为追求短期利益，忽视信息披露的全面性和准确性，在某些情况下故意隐瞒重要信息，严重损害了投资者的利益，也使承销商自身面临巨大的法律风险。承销商的这种短视行为，虽然会在短期内带来利益，但从长远看，却是对其商业模式和市场地位的自我破坏，这会影响其未来的发行承销能力，还容易使其面临监管机构严厉处罚的风险。因此，承销商必须重视其在信息披露方面的法律义务和道德责任，确保所有信息披露的真实性、完整性和时效性，保护投资者的利益，从而促进整个资本市场的健康发展。

（二）信息披露的核实和验证方面

在证券发行承销过程中，对发行人信息的核实和验证直接影响着承销成功与否以及后续的市场表明。然而目前，承销商对发行人信息的核实和验证存在以下问题。

1.信息核实的表面化

承销商在实际操作中可能会过分依赖发行人提供的标准化文件和报表，然而发行人能通过对其财务报表进行某些会计处理如折旧计提方法的改变、债务重组或者是收入确认的时间调整来美化其财务状况，一些承销商并不能透过这些数字看到背后的实际经济活动。此外，也存在一些承销商忽视评估企业的市场定位、竞争优势、技术创新能力和管理团队的质量等非财务因素的情况，其不能较好地全面评估发行人的市场前景和业务发展持续性，对发行人的财务健康状况和长期发展能力产生误判，未能准确评估、展示发行人的真实情况，从而在资本市场中引发广泛的信任危机。另外，各个行业都有其特定的市场特点和运营风险，仅凭一般性的财务数据很难准确揭示出行业内部的复杂情况。例如，对于科技公司来说，一个公司的价值很大程度上取决于其研发能力和知识产权的质量，但是这些内容在传统的财务报表中只会显示出发行人存在大量的研发支出，但这仅仅表明其在创新和技术进步方面的投入，并不能直接告诉投资者这些投入的效率如何，以及这些研发活动是否已经产生或即将产生可持续的商业成果，因此无法全面反映研发活动对公司未来业绩增长和市场地位提升的实际贡献。知识产权的性质和质量也无法很好地通过财务数据直接体现，公司拥有的多项专利确保了公司在市场上的独特地位和定价权，影响着公司的长期盈利能力，但财务报表无法准确地体现上述内容。这表明仅依靠核实财务报表这种表面化的资料不足以反映发行人潜在的市场价值和投资风险。又如，在制药行业，由于药产品的研发周期长，资金投入大，仅将其作为研发支出无法揭示投入资金相对于潜在收益的比例和风险；而发行人的研发过程中也会涉及严格的临床试验和监管审批，其容易因效果不达标或安全问题而导致研发项目失败，但这些风险均不能在财务报表中充分体现。在产品研发成功后，新药的市场接受度受到市场对新药的需求、患者和医疗机构的接受程度以及与现有治疗方案的竞争情况等因素的影响，存在很大的不确定性，通过财务报表也无法预测这些复杂因素的动态变化，从而全面评估制药公司未来的业务发展状况。在能源行业中，发行人储备的石油和天然气等的估值会受到许多技术和市场因素的影响，包括储量的大小、开采成本以及未来能源价格的预测等，这些因素在财务报表上通常仅以折旧和摊销等形式出现，难以真实反映出储备资产的实际经济价值和潜在的盈利能力。与此同时，国际油价的波动、政治不稳定或是新的环境法规的实施都会影响能源公司的业绩，这些外部变量在财务报表上往往只能以收入减少或成本增加的方式表现，无法准确揭示相关事项背后的复杂形成因素和对公司发展的长期影响。总之，这种对财务数据过度依赖的表面化核查，忽视了对行业特性的深入理解，容易导致承销商无法给投资者提供准确的风险评估和投资价值方面的信息，从而影响投资者做出投资决策的质量和投资者的信心。

2.对第三方信息过度依赖

在现代金融市场的操作中，评级机构、市场研究公司和独立审计机构等第三方服务机构可以提升信息核实的专业性和客观性，但同时也引入了风险。一方面，第三方专业机构虽然通常被视为专业且客观的信息来源，但其操作和评估标准往往不够统一，会因机构而异。具体而言，不同的评级机构会使用不同的评级标准和方法，同一财务产品或企业的信用评级在不同的评级机构之间可能会存在一定差异，这容易引起市场的混淆，使承销商和投资者难以对信息的可靠性进行准确判断。同时，这些机构通常是盈利性企业，其在提供服务时容易受到市场压力或客户需求的影响，第三方信息存在不准确的情况。例如，评级机构在过去的金融危机中就曾因过于乐观的信用评级而受到广泛批评，因为这些评级未能准确反映出债务工具的真实风险程度。如果承销商对收到的第三方评级信息过度依赖，不经核查即予以披露，在最终风险暴露之时，将严重影响投资者的信心，并对投资者和市场造成巨大的损失。另一方面，当承销商过分依赖第三方的评估和报告时，容易忽视自身进行独立调查和分析的重要性。在金融市场中，市场环境多变，信息量巨大，一旦承销商习惯于依赖第三方来解读和评估市场信息，可能会逐渐失去自行分析复杂数据的能力或减弱对自身的锻炼机会，从而限制了承销商在不使用第三方服务时的操作能力，致使其在面对独特市场配置或突发市场事件时缺乏足够的应对策略。另外，对第三方服务的过度依赖使承销商在评估特定市场或行业条件时无法揭露相关市场和行业的特殊性。在处理复杂的金融产品或进入新兴市场时，每个案例都有其独特性，需要根据具体情况调整分析框架和决策路径。过度依赖第三方的模板或标准答案容易使承销商缺乏提供定制化服务的动力和能力，从而忽视或错误评估特定市场的独特需求和风险。长期而言，这种依赖关系容易削弱承销商的核心竞争力，使其丧失市场份额。

3.信息更新和监控的不足

在资本市场中，承销商对信息更新和监控的不足主要表现在更新频率的不足以及监控体系的薄弱两个方面。一方面，在动态变化的市场环境中，发行人的财务状况、业务策略以及外部经济条件等因素均处于时刻的动态变化之中，如果承销商对发行人相关信息跟踪不力，就无法及时向市场传递出影响投资决策的重大信息。比如，在实际操作中，部分承销商会依赖过时数据进行决策，有些承销商会使用上个季度的财务报告来评估一个快速增长或者面临财务困难的公司，从而严重误读其当前的经营状态，对发行人的财务稳定性和市场潜力做出错误的评估。又如，技术或消费品行业中的公司会迅速调整市场进入策略或产品线以应对竞争压力，或满足消费者需求的变化。如果承销商的信息延迟，将会无法准确把握这些策略调整的影响，从而导致投资评估失误。再如，一个重度依赖进口原材料的制造企业，在汇率大幅波动的情况下，其成本结构和盈利能力会产生迅速变化，如果承销商没有及时进行经济和货币市场分析，容易低估这种变化对企业财务的冲击。另一方面，一些承销商尚未建立起一个有效的信息监控系统，或虽然建立了信息监控统但该系统在设计和实施时缺乏对特定风险因素的考量，使收集到的信息经初步处理后看似完备，但难以持续追踪和评估这些信息随时间的变化情况。例如，2020年初石油市场急剧波动，由于国际矛盾和疫情影响，原油价格历史性地跌入负值，在此情况下，如果承销商的信息监控系统未能反映出这一重大市场动态，就无法对能源企业的信息披露做到全面把关，如投资者自身也未关注到上述重大不利因素并投资了能源企业，投资者的本次投资将遭受重大损失。在金融科技行业中，监管政策频繁变化，当承销商的监控系统未能及时跟踪到关于数据保护或消费者金融安全的新规定，就可能会错误评估一家依赖用户数据运营的金融科技公司的合规成本和潜在风险；在房地产行业中，一旦承销商的监控系统未能及时捕捉到房地产市场需求下降的趋势或未能及时抓取到利率调整的情况，将无法有效评估房地产企业的未来现金流和盈利潜力。在2008年美国金融危机期间，许多房地产企业由于市场需求锐减和贷款利率上升，导致资金链断裂和项目停滞，给投资者带来巨大损失。在此情境下，如果承销商没有一个强大的信息监控系统来提供实时的市场和经济数据，则难以确保为客户披露准确的信息，进而增加了投资者投资决策的不确定性和风险。总之，目前部分承销商对于发行人信息的核实和验证还存在一些问题，需要建立一个高效的信息更新和监控机制并对其加以维护，从而可以有效地管理风险，深入全面地核查披露信息，进而保护投资者的利益。

（三）信息披露文件的规范性方面

在资本市场中，信息披露文件的规范性不足容易削弱文件所传递信息的有效性，引发投资者不信任危机，带来潜在的法律风险和市场风险。具体而言，在遵循性方面，许多承销商和发行人由于对相关法律法规的理解不足，或是出于对成本和潜在负面影响的考虑而故意忽视某些信息披露要求，在信息披露过程中未能完全遵守相关法律和监管的要求，导致公司选择不完全披露与其财务状况、运营风险或即将发生的重大变更相关的信息，这可能会误导投资者，致使其做出错误的投资决定，承担一定的经济风险，同时也会给承销商自身带来一定的监管处罚风险。这种情况会降低投资者投资的意愿，进而降低市场的流动性和交易效率，也增加了监管机构的监管成本，对承销商的市场声誉及发行人的市场形象也会造成长久的损害。在信息披露的语言和表述方面，在涉及高度专业化领域或复杂金融产品的披露文件中，存在语言和表述不清晰的问题。一方面，信息披露文件中使用复杂的技术术语和行业内的专业表达，虽然可以准确传达特定概念，但对于非专业化的普通投资者来说，投资者难以从中获取到公司的经营状况、风险因素或未来的盈利预测等关键信息，直接影响投资者对信息的理解与应用，致使投资者做出不符合自身利益的投资决策。基于此，使用专业术语和复杂表达的信息披露文件会增加市场的信息不对称问题，那些有能力雇佣财务顾问或内部分析师来解读这些复杂信息的大型投资者不会受到太大影响，而对于中小投资者，特别是个人投资者，由于其获取和解析专业化信息的能力较弱，这将直接影响他们的竞争地位，进而影响资本市场的公平性和有效性。另一方面，信息披露文档在结构设计上存在缺乏一致性的问题，如财务报表的布局和呈现方式随文档变化，或者重要信息的位置在不同文档中前后不一，使投资者需要花费额外的时间和精力来阅读和理解信息，这将增加投资者获取和比较信息的难度，降低了信息传递的效率，这不仅容易使投资者基于错误的解读而做出错误的投资决策，还会影响投资者对公司的整体信任，从而对公司未来的市场评价和股价产生负面影响。因此，承销商在核实和验证披露文件时需要采取更加严谨的态度，注重信息的完整性和准确性，关注信息的可理解性，确保所有潜在的投资者都能够在平等的基础上获取和理解市场信息，作出明智的投资决策。

三、尽职调查义务及承担义务现状

尽职调查要求承销商在推荐或销售证券之前，应对发行公司的财务状况、业务运作、市场环境及任何可能影响投资决策的因素进行全面而深入的分析和评估。其核心目的是保护投资者利益，确保信息披露的准确性，防止投资者基于不充分或错误的信息作出投资决策，同时也避免承销商自身因忽视重要信息而承担法律责任。尽职调查义务的具体要求和实施步骤如下。

①财务审查：尽职调查的首要步骤通常是审查发行公司的财务报表，即资产负债表、利润表和现金流量表，以及任何关于公司财务的公开披露信息。在此基础上，承销商应评估发行人财务数据的真实性、准确性和完整性，确保发行人不存在重大财务问题或潜在财务风险，并确保所承销的证券符合市场条件和投资者需求。承销商需要对发行企业进行深入的财务审查，评估企业的经营状况、市场竞争力和长期发展潜力。

②业务和运营评估：除了财务信息外，承销商还需要对公司的业务模式、市场定位、竞争优势、供应链、管理团队以及关键业务策略等进行全面评估，帮助投资者理解公司的盈利能力和长期增长潜力。

③法律合规审查：尽职调查还包括对公司的法律合规状况的审查，确保公司不存在未解决的法律争议、合规问题或任何可能影响其业务持续性的诉讼或仲裁，承销商应审查发行人的历史沿革、知识产权情况、对环境保护法规和劳动法规的遵守情况等，判断是否存在法律风险。

④市场和行业分析：承销商应对发行人所在市场和行业相关市场趋势、行业竞争格局、经济环境影响等因素进行深入分析，评估公司的市场地位和

行业内的竞争力，准确地判断发行人的业务前景和发展潜力。

⑤风险识别和评估：在尽职调查过程中，承销商需要识别所有可能影响公司表现的内部和外部风险因素，并对这些风险的严重程度及其可能的影响进行评估。

若承销商未能履行尽职调查义务，可能会导致其未能发现并披露重要信息，投资者如因此受到损失，承销商将面临被投资者诉讼的风险。这类诉讼往往会导致高额的赔偿金，使承销商在遭受经济损失的同时，在声誉和市场信任度方面也受到不利影响。此外，针对上述情况，监管机构会一般会对承销商进行罚款、发出警告或采取其他行政监管措施，严重情况下甚至会吊销承销商的执业资格，对承销商的业务开展带来重大不利影响。在最严重的情况下，承销商甚至可能面临需要承担刑事责任的风险。因此，严格履行尽职调查义务不仅是法律的要求，是维护市场公信力和投资者信心的关键，更是承销商自我保护的重要手段。遗憾的是，目前承销商在尽职调查义务的履行方面，尚存在一些不足。

（一）尽职调查充分性方面

在履行尽职调查义务方面，承销商存在着尽职调查不充分、履职不到位的情况。一些承销商在履职过程中玩忽职守，尽职调查流于形式，履行的核查程序和获取的证据不足以支持披露的内容。比如某发行人将停工项目包装为正常项目发行，承销商仅通过询问发行人，依靠发行人提供的材料来披露项目建设状态，存续期内现场查看才发现该项目与实际募投项目不符，实际的募投项目已经长期停工，募集资金早已被挪用。该项目一旦发生违约，可能将会给投资人带来巨大的损失。某些承销商在尽职调查中流于形式，"扎扎实实走过场"，只求程序留痕，不做实质判断，导致未发现项目存在的异常情况。比如某项目工作底稿记载合作机构研发人员约50名，但对应社保人数显示为0；合同签署日期、生效日期晚于确认收入的时点；发行人产能利用率超过100%，但同行业排名第一的公司的相关水平仅为80%~90%等，承销商在尽职调查中均未对上述异常予以充分关注并进行核查验证，最终导致未发现发行人的违法违规行为。还有些承销商的尽职调查工作停于表面，只是机械地执行基础性、通用性的核查程序，没有结合发行人的特点开展个性化的核查，如对农业、医疗、IT等行业会计核算的特殊性未做充分关注，未制订具有针对性的尽职调查计划，而是按照一般标准进行尽职调查，导致未发现项目重大风险等。

笔者认为，产生上述情况的主要原因在于部分承销商对我国现阶段资本市场的特征把握不准，将上市条件的包容性、多元性简单理解为降低上市门槛，一味"穿新鞋走老路"，缺乏与注册制相匹配的理念、组织和能力，重机遇轻责任，一味追求业务扩张，未能对风险进行有效把控。此外，外部环境对承销商的执行活动也形成了较大干扰，如发行人及其控股股东、实际控制人恶意造假，供应商、客户配合造假，投资机构为了退出而给承销商施加压力，要求加速申报等，这些都大大增加了承销商发现发行人存在的问题和风险的难度。

（二）尽职调查标准和技术手段方面

随着全球金融市场的不断发展和金融产品的创新，监管机构需确保法律法规能够反映出市场的最新趋势和潜在风险。一方面，复杂衍生品和证券化产品的快速发展表明金融创新常常超出现有法律法规的覆盖范围，其金融工具的复杂性和与传统金融资产的差异要求监管机构不断深入了解金融市场的技术发展，适应性地更新监管框架。这也同时对承销商提出了新的挑战。

承销商需要不断更新其合规系统和尽职调查流程，以确保符合最新的监管要求。即便承销商愿意遵守这些新的法规要求，快速变化的法规环境也容易导致他们难以持续跟进最新的合规要求。随着新规的实施，某些金融产品或交易策略变得不再可行，成本效益比大幅下降，承销商不仅需要在合规方面做出调整，还需要在产品开发、市场定位和客户服务等方面进行战略性的重构，以维持其市场份额和盈利能力。另一方面，随着科技的进步，《通用数据保护条例》（General Data Protection Regulations，GDPR）等数据保护法规对金融机构的尽职调查过程提出了更高的标准。这要求承销商及时更新其技术平台以确保数据的安全和合规性，修改其业务流程以保护客户数据的隐私。然而，对于资源有限或技术较为落后的承销商而言，这增加了其额外的财务成本和操作压力，其无法有效地进行技术投资和数据管理策略的重新设计，从而不能有效地应对市场变化。另外，这一现状要求承销商在设计产品和服务时就要考虑数据保护的要求，实行所谓的"隐私设计"，这使承销商必须不断调整其信息系统和业务操作标准，以确保其不仅符合当前的法律要求，也可以迅速适应未来可能的变化。然而，现有部分承销商规模较小，资金较为有限，缺乏足够的资源来投资于必要的技术升级和系统改进，限制了其在数据处理和客户隐私保护方面的能力。

第三节　承销商民事责任的基本理论框架

关于民事责任的本质，学术界存在"制裁说""担保说"及"折中说"等几种观点。持"制裁说"的学者认为，责任是义务人不履行义务的法律后果，具有制裁性。持"担保说"的学者认为，责任是义务履行的担保。持

"折中说"的学者认为，"制裁说"和"担保说"并无实质不同，只是因为民事责任具有多重功能，而各学者的视角或者侧重点不同导致观点不同而已。不论采用哪种学说，我们均不难总结出，责任的存在是为了促使义务人更好地履行义务，进而更好地维护权利人的权利，责任的目标是为了保障权利的实现。诚如法谚所云"无救济即无权力"，如果没有民事责任，民事权利将只具有形式上的意义，无法落到实处。

如上文所述，目前承销商在履行信息披露义务和尽职调查义务方面存在着一些问题，且近年来我国A股市场出现的越来越多的财务造假案例也进一步表明了承销商的履职效果并不理想。有些公司的财务造假行为破坏了资本市场的交易秩序，给投资者造成了重大的损失。在此背景下，我们有必要严格落实承销商的核查把关责任，以期通过追究承销商的民事责任，促使其尽快归位尽责，从而对投资者合法权利形成有效保护，这也是本书的目的所在。

一、承销商民事责任的性质

如上文所述，信息披露制度是证券市场的基本制度，是证券市场正常运转的基础，确保投资人的知情权，使其能够获取真实、准确、完整的信息是提振投资者信心的必要条件，而投资者积极参与市场交易又是资本市场繁荣发展的重要前提。因此，各国证券法普遍规定了信息披露人如实披露信息的义务；同时，为了确保上述义务的履行，也规定了违反上述义务的责任，即虚假陈述民事责任。如我国《证券法》第八十五条规定，"信息披露义务人......存在虚假记载、误导性陈述......致使投资者在证券交易中遭受损失的，信息披露义务人应当承担赔偿责任；发行人的控股股东、实际控制人、董事、监事、高级管理人员和其他直接责任人员以及保荐人、承销的证券公司及其直接责任人员，应当与发行人承担连带赔偿责任，但是能够证明自己没有过错的除外。"上述规定一般被学术界概括为"虚假陈述民事责任"，承销商是可能承担虚假陈述民事责任的主体之一，承销商的民事责任属虚假陈述民事责任的一部分，虚假陈述民事责任的性质决定了承销商民事责任的性质。

（一）侵权责任

关于虚假陈述民事责任的性质，学术界主要存在三种观点，即合同责任说、侵权责任说和独立责任说。合同责任说认为，虚假陈述责任人承担合同责任，投资者可以通过《民法典》实现救济。具体而言，一方面，在存在虚假陈述的情况下，权利人可以以存在欺诈为由通过请求废止合同的方式获得救济；或者可以以违反产品质量保证义务为由请求损害赔偿。但是由于合同的相对性原则以及举证的难度，投资者通过合同责任从发行人处获得救济的渠道并不通畅。另一方面，对于承销商而言，由于承销商与投资人之间无直接的合同关系，因此投资人很难借助《民法典》的保护在承销商处获得权利救济。独立责任说认为，虚假陈述民事责任既不是合同责任，也不是侵权责任，而是一种不同于以上两种责任的独立责任。独立责任说强调了证券法上民事责任相较于民法上传统的合同责任和侵权责任的特殊性，以期更接近虚假陈述民事责任的本质属性。但是独立责任说在我国的适用存在着一定障碍，在既有的法律概念体系中并无"独立责任"这一概念，即便赋予其独特的名称，其在立法与实践中也难以独立适用，最终还是要回归到合同责任或侵权责任项下予以解释和适用。侵权责任说认为，应当以侵权责任作为虚假陈述的责任基础。侵权责任是指行为人因不法侵害他人权益，根据法律规定，应对其所造成的损失予以赔偿的一种责任类型。侵权行为的损害赔偿因为法律的规定而发生，属于"法定之债"。如上文所述，在证券市场上，信息披露者与信息接受者之间往往不存在直接的合同关系，信息披露义务是法律向信息披露义务人直接施加的义务，信息披露义务不因双方是否有特别约定而产生，也不依双方是否有特别约定而免除。虚假陈述是信息披露义务人违反法定信息披露义务的行为，符合侵权责任法定性的特征。本文支持虚假陈述民事责任属于侵权责任的观点，由此，作为虚假陈述民事责任一部分的承销商民事责任的性质也应属于侵权责任。

（二）连带责任

1.概述

根据《证券法》第一百六十三条，"证券服务机构为证券的发行……出具……等文件，应当勤勉尽责，对所依据文件资料内容的真实性、准确性、完整性进行核查和验证。其制作、出具的文件有虚假记载、误导性陈述或者重大遗漏，给他人造成损失的，应当与委托人承担连带赔偿责任"。连带赔偿责任是指在多个责任主体共同对损害结果负责的情况下，受害者可以向其中任何一个责任主体要求赔偿全部损失，直至债务得到全部清偿，而该责任主体赔偿后可以再向其他责任主体追偿。在金融市场中，这种责任的设定确保了投资者能够从任一责任方处获得赔偿，无须关注其他责任方的偿付能力，从而对投资者成形成了较为强力的保护。承销商的连带责任主要体现在其对投资者损失的补偿义务上，在债券或其他证券发行过程中，当承销商未能执行充分的尽职调查，导致投资者基于不完整或不准确的信息做出投资决策而遭受经济损失时，承销商可能需要对此承担法律责仟。法律关于承销商侵权责任的连带责任的规定对其形成了强有力的约束，防止其在利益驱动下默许或配合虚假陈述行为，为投资者提供了更加有力的法律保障。这种连带责任对承销商而言是一种重大的法律和道德风险，要求他们在进行任何资本市场活动时都必须保持最高水平的诚信度和专业度。当承销商与发行人共同侵权导致投资者损失时，投资者可以通过法律途径追究承销商连带责任，获得应有的赔偿，这可以增强投资者的信心，促进资本市场的持续繁荣和健康发展。《证券法》中关于承销商连带责任的规定，强化了承销商在证券市场中的"看门人"身份和监督职责，进一步压实其在信息披露过程中应有的审核和把关作用。具体而言，当承销商在审核过程中发现发行人的财务报表、经营状况或市场前景存在虚假陈述时，有责任及时向发行人提出纠正建议，并向监管机构报告。当其未能履行这一责任，导致投资者基于错误信息做出投资决策并遭受损失时，承销商将构成与发行人等其他主体的共同侵权。而连带责任表明投资者可以向任何一个责任方提出赔偿要求，提高了赔偿的可执行性，增强了投资者维权的力度。连带责任机制要求承销商在发现虚假陈述时不能置之不理，当发现发行人的财务数据存在虚假记载时，必须要求发行人修正数据或披露保留意见，使得投资者可以更放心地进行投资决策，提升市场的信任度和公信力。在实践中，承销商应设立独立的合规和风控部门，以便对所有信息披露材料进行多层次的审查和核实，确保每一个环节都符合法律法规和市场规范；在此基础上，承销商也需要加强与发行人的沟通与合作，建立透明的信息交流机制，及时发现和纠正潜在问题，防止虚假陈述对投资者造成损害。连带责任的安排保护了投资者的利益，强化了承销商的赔偿责任，促使其在信息披露过程中更加谨慎和严格。随着市场环境的日益复杂，承销商的责任也在不断加大。连带赔偿责任的存在，要求承销商不仅要对自身的尽职调查和信息披露行为负责，还要对发行人的行为负有一定的监督责任。

　　法院在判定承销商的连带责任时，会综合考量多个因素。第一，法院会评估承销商在证券发行过程中履行尽职调查的充分性，包括考虑承销商是否对发行人的财务状况、业务运营、市场环境以及其他影响证券价值的因素进行了全面和准确的评估。第二，法院会关注承销商是否在知晓或应当知晓发行信息存在重大误导或遗漏的情况下，仍然继续推进发行过程。在这种情况下，如果投资者因此遭受了损失，承销商可能会被判定负有连带责任。第三，法院也会考量承销商的影响力和控制力，例如承销商在发行过程中的决策权重以及其对发行流程的实际控制程度。基于以上考虑，法院在判决连带责任时，会评估损失的规模和性质，以及投资者采取的任何减损措施，寻求公平解决各方利益，使受损的投资者能够获得适当的补偿，也确保承销商的责任与其过失程度相匹配。

2.承销商连带责任案例分析

具体到实际案例中，2017年，亿阳集团遭遇严重的财务危机，集团旗下的上市公司亿阳通信业绩巨亏，导致股价大跌，面临长期的市场信誉问题。2020年，亿阳通信发布了重整方案，每个债权人持有的10万元及以下的债权将由亿阳集团全额以现金方式偿还；而超出10万元部分的债权则转化为亿阳集团的股份，按照每9.14元债权转化为1元注册资本的比例执行。这一重整方案引起了债权人的不满，并向法院提起诉讼，要求亿阳集团及其债券承销商中山证券承担连带责任。其中，锦龙股份（中山证券的母公司）在公告中提到，外贸信托和融通资本已经将亿阳集团、中山证券及华泰联合证券列为被告，向北京的法院提起了证券虚假陈述责任纠纷的诉讼。其中，融通资本的诉讼请求金额高达6亿元，外贸信托的诉讼金额为6148万元，两者均要求中山证券和华泰证券对亿阳集团的兑付责任承担连带赔偿。这一案件虽未有判决结果，但经过市场调查，中山证券涉及多项违规行为。证监会公布的券商分类评级显示，中山证券自2019的BBB级降至2020年的CC级，下调幅度高达三级。2020年8月，深圳证监局披露，中山证券内部管理存在诸多问题，因一位董事缺乏合法任职资格、公司印章管理混乱以及关联交易管理不当等问题，证监局责令暂停其一年内的新的资管产品备案，禁止开展新的资本消耗型业务如股票质押、融资融券以及需要跟投或包销的承销保荐业务，并对包括董事长、总裁、合规总监在内的高管进行经济处罚。这一事件导致中山证券控股股东锦龙股份的股价在2020年下跌近7%，这反映了市场对其经营状况和未来发展的悲观预期①。

这一案件揭示了金融市场中信息披露的重要性和连带责任的严格性。亿阳集团作为一家大型企业集团，在遭遇财务危机时，未能及时准确地披露其财务状况和重整计划的具体细节；中山证券作为承销商在没有充分履行其信息披露义务的情况下，未能防止或警示投资者风险，最终导致投资者遭受重大财务损失。这个案例具有一定的启示意义。第一，承销商在承担新项目之前，应建立一套规范化、有针对性的尽职调查流程，并据此进行详尽的尽职调查，通过评估发行人的财务状况、市场风险和业务模型的可持续性，收集和分析财务报表相关信息，深入理解市场环境和行业动态，确保在各种市场环境下都能做出合理判断。与此同时，上市公司应实施严格的财务信息披露制度和规范的信息披露标准，多地上市的，还应遵守国内外所有相关财务报告和披露要求。上市公司应定期发布详尽的财务和运营情况报告，确保股东、投资者、债权人以及市场监管机构等所有利益相关者都能准确了解公司的财务状况和业务表现。上市公司和承销商的共同努力有助于构建一个健康、稳健和信任的市场环境，为所有利益相关者创造更大的价值。第二，在现代金融市场运作中，承销商是市场信用的维护者。在亿阳集团重整案中，投资者和债权人寻求通过法律途径要求中山证券等承销商承担连带责任，显

---

① 亿阳集团破产重整再起波澜，承销商中山证券近日被债券持有人起诉，要求承担连带责任 _[EB/OL].（2020−11−11）.http://finance.ce.cn/stock/gsgdbd/202011/11/t20201111_35999314.shtml.

现了市场对承销商角色和责任的期待与要求。这表明承销商需要在任何资本市场活动中始终坚持高标准的职业道德，在技术和操作层面上不断提升，在企业中树立正确的合规意识和较高的执业道德，通过采取严格的内部控制措施和审查流程，防止任何形式的不当行为发生，成为市场信用和稳定的维护者，促进金融市场的健康发展。第三，中山证券由于内部管理和合规问题被监管机构处罚，这影响了其自身的业务发展，更在市场上造成了较大的负面影响。这表明监管机构承担着保护投资者利益、推动市场健康稳定发展的职责。因此，监管机构应构建一个全面的监管框架，框架内涵盖严格的市场准入标准、详细的合规要求以及有效的监督审查程序等内容，监管机构应及时识别和纠正市场参与者的不当行为，从而保护投资者的利益，并维护市场的整体健康和稳定。同时，监管机构应公开透明地处理违规案件，对违规行为一经查处即给予严厉的处罚，以此树立起法律和监管的权威，增强整个市场的诚信与合规文化，从而有效通过预防性措施减少市场的不稳定因素，促进金融市场的长期健康发展。

3.承销商连带责任中的新问题——比例连带

《民法典》第一百七十八条规定，"二人以上依法承担连带责任的，权利人有权请求部分或者全部连带责任人承担责任。连带责任人的责任份额根据各自责任大小确定；难以确定责任大小的，平均承担责任。实际承担责任超过自己责任份额的连带责任人，有权向其他连带责任人追偿。"由此，在连带责任中，无论各行为人主观上是故意还是过失，对外都应当承担全部责任，至于原因力、过错程度等，属于内部责任划分时的考量因素。

但在新近的证券虚假陈述案件中，我国法院逐渐认识到对中介机构机械适用全额连带责任会带来实质不公。为避免证券市场的滥诉和中介机构的寒蝉效应，商事审判中出现比例连带责任的责任形态，即要求责任人在一定比例内承担连带责任。如在证券虚假陈述损害赔偿的"五洋债""中安科"案中，均出现了认定部分行为人按比例对外承担连带责任的意见，这样的判决引发诸多讨论。上述司法实践的判决结果似与民法的现行规定并不一致，具有"体系违反"之嫌。而在金融领域"压实"中介机构责任的监管要求下，同类案件中势必会更多涉及各行为人对投资者损失的责任承担问题，比例连带似乎又是一种相较"公平"的裁判结果。如何依侵权法理论为"比例连带责任"寻找更为合理的解释路径是亟须解决的问题。

二、承销商民事责任的归责原则

（一）虚假陈述责任归责的多元化

归责是指行为人因其行为和物件造成他人损害的事实发生以后，应当以何种根据使其承担责任。此种根据体现了法律的价值判断，即法律应以行为人的过错还是以已发生的损害结果作为价值判断标准，而使行为人承担侵权责任[①]。归责的根本含义是确定责任的归属，即决定何人对侵权行为的损害结果负担赔偿责任；归责的核心是标准问题，即在决定何人对侵权行为的结果负担责任时应依据何种标准，这种标准，是某种特定的法律价值判断因素；归责与责任不同，归责是一个过程，而责任是归责的结果，如果将侵权行为的损害事实作为起点，将责任作为终点，那么归责就是连接这两个点的过程[②]。归责原则是确定侵权人承担侵权损害赔偿责任的一般准则，它是在损害事实已经发生的情况下，为确定行为人对自己的行为所造成的损害，以及对自己所管领下的人或者物所造成的损害，是否应当承担侵权赔偿责任的准则。侵权法的归责原则是确定行为人的侵权民事责任的根据和标准……[③]归

---

① 王利明. 侵权行为法归责原则研究 [M]. 北京：中国政法大学出版社，1992：17–18.

② 杨立新. 侵权责任法 [M]. 北京：法律出版社，2021：43.

③ 王利明. 侵权行为法归责原则研究 [M]. 北京：中国政法大学出版社，1992：18.

责原则决定了民事责任的构成要件，在民事责任结构中处于提纲挈领的地位；归责原则也决定了诉讼双方举证责任的内容与分配，与当事人的利益密切相关。本书无意在我国侵权责任归责原则体系问题上做更深入的探讨，将仅围绕着虚假陈述情况下，承销商侵权责任的承担应采取哪种归责原则来做分析。

根据我国《证券法》第八十五条的规定，虚假陈述民事责任的承担主体多元，既包括发行人，也包括发行人的控股股东、实际控制人、董事、监事、高级管理人员和其他直接责任人员以及保荐人、承销的证券公司及其直接责任人员、证券服务机构等。对于这些责任主体归责原则的适用存在着两种不同的模式：一元主义模式和多元主义模式。一元主义模式主张采用一个统一的归责原则，以保持制度内部逻辑的一致性。但证券发行、交易过程往往涉及多方主体，不同当事人的义务和职责不尽相同，采用统一的归责原则恐怕难免顾此失彼。鉴于此，一些国家针对虚假陈述民事侵权责任采用了多元化的归责体制，即针对不同情况，可以适用主观程度不同、保护倾向各有侧重的不同的归责原则，比如美国在虚假陈述责任的归责体系中，就涉及欺诈责任、过失责任和严格责任等多种归责原则。以上做法值得借鉴，对于可能承担虚假陈述民事责任的不同主体而言，可以适用不同的归责原则。

（二）承销商民事责任的归责原则

根据归责依据的主客观状态不同，可以将归责原则大体分为两类：主观归责原则和客观归责原则。主观归责原则是以行为人的主观状态作为确定责任归属的依据，该等归责原则一般称为"过错责任原则"，即"过错"为责任成立的构成要件，有过错则有责任，无过错则无责任。而客观归责原则是指以行为人主观状态外的某种客观事实作为归责依据，如损害结果的存在、违约的事实等，这种归责原则被称为"无过错责任"或"严格责任"。虚假陈述民事责任中，承销商的归责原则应该采取那种形式？

我国《证券法》第八十五条规定，信息披露义务人实施虚假陈述致使投资者在证券交易中遭受损失的，信息披露义务人应当承担赔偿责任。根据《上市公司信息披露管理办法》第六十二条，"信息披露义务人，是指上市公司及其董事、监事、高级管理人员、股东、实际控制人，收购人，重大资产重组、再融资、重大交易有关各方等自然人、单位及其相关人员，破产管理人及其成员，以及法律、行政法规和中国证监会规定的其他承担信息披露义务的主体。"由此可见，对于信息披露义务人，我国《证券法》采用的是客观归责原则，上述主体承担的是严格责任。信息披露义务人承担严格责任的理由主要在于，从责任程度的角度考虑，上述主体作为披露信息的原始占有人，有能力和条件全面掌握公司信息，因此其应该作为虚假陈述民事责任的首要责任人，比其他义务主体承担更多的注意义务，从而促使其诚实守信，能够在最大程度上披露真实的信息。

对于承销商是否应该与信息披露义务人一样适用严格责任的归责原则，各国和地区立法普遍持否定态度，认为承销商的法律责任与信息披露义务人的法律责任并不完全等同，并一般规定承销商的归责原则适用过错推定原则而非无过错责任原则。如美国《1933年证券法》第11条规定，除了发行人外的所有义务人——包括证券承销商在内，均可以以"审慎尽职"为由提出抗辩从而免责。日本《证券交易法》第21条规定，承销商如不知信息披露文件存在虚假或者欠缺，对财务报表以外的部分，经相当注意仍无法得知的，可以免于承担赔偿责任。我国台湾地区《证券交易法》第32条规定对承销商也采用过错推定责任。我国《证券法》第八十五条也有类似的规定，承销商可以通过证明自己无过错而免责。对承销商与发行人等信息披露义务人采取不同的归责原则，概系因为承销商作为发行主体聘请的第三方机构，其获取的信息披露文件系从发行人处获取的"第二手"资料，发行人是披露信息的提供方，承销商只是负责对发行人提供的信息进行核查验证，二者对信息的控制能力不同，因此承销商与发行人在信息披露的责任方面理应存在差异。

过错推定原则，是指在法律有特别规定的场合，从损害事实的本身推定侵权人有过错，并据此确定造成他人损害的行为人赔偿责任的归责原则。在适用过错推定原则的侵权行为中，行为人承担的责任形态基本上是替代责任，包括对人的替代责任和对物的替代责任，一般不适用自己责任的侵权责任形态。如果由承销商承担过错责任，则根据谁主张谁举证原则，投资者需要证明承销商在虚假陈述中存在"过错"。但广大投资者并不参与也没有机会和渠道参与承销商的调查和发行活动，证明承销商存在"过错"将非常困难，承销商民事责任制度将难有适用空间。因此出于保护投资者的目的，各国证券法普遍规定了承销商的过错推定责任，即投资者在起诉承销商虚假陈述侵权责任时，只需要证明违法行为、损害事实和因果关系即可，这三个要件的举证责任完成之后，法官直接推定被告有过错，不要求原告寻求行为人在主观上存在过错的证明，不必举证，而是从损害事实的客观要件以及它与违法行为之间的因果关系中，推定行为人主观上有过错，即过错要件实行举证责任倒置。如果承销商认为自己在主观上没有过错，则须举证证明自己没有过错，证明成立者，推翻过错推定，否认行为人的侵权责任；承销商如果证明不足或者不能证明的，则推定过错成立，应当承担侵权民事责任。

综上，承销商民事责任适用过错推定的归责原则，一方面系对承销商与发行人等信息披露义务人的责任做了区分，不要求承销商与发行人等信息披露义务人一样承担严格责任，有效避免了承销商民事责任过重、权责失当的问题。另一方面又从保护投资者利益角度出发，避免投资者承担过重的举证责任从而导致权利救济的困难。承销商责任的过错推定原则是法律对证券市场各方参与主体利益进行充分权衡后选择的结果。

三、承销商民事责任的构成要件及免责事由概述

（一）承销商民事责任的构成要件概述

承销商的民事责任属侵权损害赔偿责任。侵权损害赔偿责任的构成必须具备一定的条件，这些条件就是侵权损害赔偿责任的构成要件。侵权损害赔偿责任构成要件有四个，即损害事实的客观存在、损害行为的违法性、违法行为与损害事实之间的因果关系、行为人的过错。构成一般侵权损害赔偿责任，这四个要件缺一不可，否则就不能认定侵权损害赔偿的民事责任。构成特殊侵权损害赔偿责任，在无过错责任原则情况下，可以不具备过错的要件；在过错推定原则情况下仍然要具备四个要件，但过错要件是推定的，不需要被侵权人举证证明①。承销商虚假陈述侵权损害赔偿责任的成立，也至少应该满足以上"损害事实的客观存在、损害行为的违法性、违法行为与损害事实之间的因果关系以及行为人的过错"四个构成要件；同时由于承销商责任的归责原则是过错推定责任，"过错"虽然是承销商民事责任的构成要件，但原告投资者将免于证明，法律自动推定被告存在过错。此外，证券市场虚假陈述侵权责任构成要件在以上基础上，还发展出了重大性和交易因果关系两个特殊的构成要件，即承销商虚假陈述侵权责任的构成要件共有六个：①被告实施了虚假陈述行为；②虚假陈述行为具有重大性，即足以影响交易价格或者交易量；③存在交易因果关系，即原告的投资决定受被告的虚假陈述影响；④被告具有过错，即主观上具有恶意（原告无举证责任）；⑤原告遭受损失；⑥存在损失因果关系，即原告的损失由被告的虚假陈述行为造成。以上构成要件的具体内容将于本书第二章进行展开论述。

---

① 杨立新. 侵权责任法 [M]. 北京：法律出版社，2021：56~57.

需要说明的是，最高人民法院发布的《全国法院审理债券纠纷案件座谈会纪要》第9条规定，"欺诈发行、虚假陈述行为人以债券持有人、债券投资者主张的欺诈发行、虚假陈述行为未经有关机关行政处罚或者生效刑事裁判文书认定为由请求不予受理或者驳回起诉的，人民法院不予支持。"《最高人民法院关于审理证券市场虚假陈述侵权民事赔偿案件的若干规定》第二条规定，……"人民法院不得仅以虚假陈述未经监管部门行政处罚或者人民法院生效刑事判决的认定为由裁定不予受理。"由此，我国司法审判层面目前已取消了虚假陈述纠纷案件的行政决定前置程序，行政决定的做出已经不是虚假陈述民事责任的构成要件。民事责任制度的主旨在于修复被破坏的投资者与责任主体之间的民事法律关系，为遭受损失的投资者挽回损失，维护受害投资者的民事权利和微观个体利益；行政责任制度的主旨在于修复被破坏的监管者与违法者之间的行政关系，恢复应有的证券市场秩序，维护广大证券投资者的整体利益[1]，两种责任制度的功能和目标并不一致，不存在行政责任属民事责任前提条件的情况，因此最高人民法院的上述做法值得肯定。

（二）承销商民事责任的免责事由概述

免责事由，是指被告针对原告的诉讼请求而提出的证明原告的诉讼请求不成立或不完全成立的事实。在侵权责任法中，免责事由是针对承担民事责任的请求而提出来的，所以又称为免责或减轻责任的事由，也叫作抗辩事由[2]。侵权责任免责事由是由侵权行为的归责原则和侵权责任构成要件派生出来的。适用不同的归责原则，就有不同的责任构成要件，因而也就总是有与归责原则和责任构成要件相适应的特定的免责事由。侵权责

---

[1] 刘俊海. 论证券市场法律责任的立法和司法协调 [J]. 现代法学，2003（1）：3-13.

[2] 王利明，杨立新. 侵权行为法 [M]. 北京：法律出版社，1996：76.

任法的归责原则多样化，与此相适应，不同的侵权责任类型的免责事由也有所不同。免责事由的有效成立须具备两个构成条件：第一，对抗性要件，即能够对抗侵权责任构成的具体要件，破坏整个侵权责任构成的内在结构，使原告诉请的侵权责任归于不能成立的事实要件。免责事由虽然是对抗对方当事人的诉讼请求的事由，但它具体对抗的是侵权责任构成，破坏对方当事人请求权的成立，导致对方的诉讼请求在法律上不成立。这就是侵权免责事由的对抗性要求。侵权纠纷的被告提出的主张如果不具有对抗性，也就是仅仅能证明自己具有可谅解性，但不足以对抗对方当事人请求的，不能成为免责事由。第二，客观性要件，即免责事由必须是客观事实，具有客观性的属性。它要求免责事由必须是客观存在的、已经发生的事实，不能是主观臆断或尚未发生的情况。仅仅表明某种损害未发生或单纯否认对方请求权不存在，不能成为免责事由[1]。

《证券法》第八十五条规定了承销商的免责事由，即承销商需要"能够证明自己没有过错"。该等免责事由对抗的是虚假陈述侵权责任构成要件中的"过错"构成要件。此外，根据民法一般原理，时效消灭、请求权人故意、因果关系不成立等都可能构成承销商的免责事由，上述内容将于本书第三章中予以论述。

四、我国承销商民事责任制度的发展

（一）法律、法规、部门规章

我国首部《证券法》于1998年12月生效。在该部《证券法》生效之前，关于承销商的民事责任制度在法律层面并无明确的规定，只能在效力层级相对较低的行政法规中寻找到相关依据，具体而言：第一，国务院《股票发行

---

[1] 杨立新. 侵权责任法 [M]. 北京：法律出版社，2021：167.

与交易管理暂行条例》的规定。国务院于1993年4月颁布的《股票发行与交易管理暂行条例》第二十一条规定，"证券经营机构承销股票，应当对招股说明书和其他有关宣传材料的真实性、准确性、完整性进行核查；发现含有虚假、严重误导性陈述或者重大遗漏的，不得发出要约邀请或者要约；已经发出的，应当立即停止销售活动，并采取相应的补救措施。"此外，上述条例第七十七条规定，"违反本条例规定，给他人造成损失的，应当依法承担民事赔偿责任。"；第十七条规定，"全体发起人或者董事以及主承销商应当在招股说明书上签字，保证招股说明书没有虚假、严重误导性陈述或者重大遗漏，并保证对其承担连带责任。"第二，国务院《禁止证券欺诈行为暂行办法》的规定。国务院于1993年8月颁布的《禁止证券欺诈行为暂行办法》第二十三条规定，"实施欺诈客户行为，给投资者造成损失的，应当依法承担赔偿责任。"根据该办法第二条，证券欺诈行为包括虚假陈述。

　　1998年12月，我国首部《证券法》正式公布并于1999年7月开始实施。1998年版《证券法》对承销商的民事责任做出了明确规定，该法第六十三条规定，"发行人、承销的证券公司公告招股说明书、公司债券募集办法、财务会计报告、上市报告文件、年度报告、中期报告、临时报告，存在虚假记载、误导性陈述或者有重大遗漏，致使投资者在证券交易中遭受损失的，发行人、承销的证券公司应当承担赔偿责任，发行人、承销的证券公司的负有责任的董事、监事、经理应当承担连带赔偿责任。"1998年版《证券法》用一个条文单独对包括承销商民事责任在内的各方主体的虚假陈述民事责任进行了规定，代表着立法层面对惩罚证券欺诈行为的重视，这是值得肯定的。但是上述规定要求承销商与发行人承担相同的严格责任，没有考虑承销商与发行人对披露信息的控制力不同这一因素，没有体出现责任配置的层次性。《证券法》在2004年修订时未对上述条款进行修订。

2005年对《证券法》上述条款进行了修订。该法第六十九条规定，"发行人、上市公司公告的招股说明书、公司债券募集办法、财务会计报告、上市报告文件、年度报告、中期报告、临时报告以及其他信息披露资料，有虚假记载、误导性陈述或者重大遗漏，致使投资者在证券交易中遭受损失的，发行人、上市公司应当承担赔偿责任；发行人、上市公司的董事、监事、高级管理人员和其他直接责任人员以及保荐人、承销的证券公司，应当与发行人、上市公司承担连带赔偿责任，但是能够证明自己没有过错的除外；发行人、上市公司的控股股东、实际控制人有过错的，应当与发行人、上市公司承担连带赔偿责任。"据此，2005年版《证券法》对发行人、承销商及控股股东、实际实际控制人规定了不同的归责原则，发行人承担严格责任，承销商承担过错推定责任，控股股东、实际控制人承担过错责任。从原告投资人证明难度的角度考虑，由于"过错"的证明在实践中相对较难，因此，2005年版《证券法》中为承销商配置了比控股股东、实际控制人更加严格的责任。在我国资本市场发行人、上市公司股权较为集中的客观背景下，控股股东、实际控制人比承销商对公司有着更强的控制力，上述责任配置的合理性值得商榷。但是，2005年版《证券法》将承销商责任由严格责任修订为过错推定责任，体现了承销商与发行人之间责任配置的差异，与世界其他国家和地区的主要做法保持了一致，这点是值得肯定的。2013年、2014年两次《证券法》修订均延续了上述内容。

2019年版《证券法》在上述基础上对虚假陈述民事责任条款做了进一步修订，该法第八十五条规定"信息披露义务人未按照规定披露信息，或者公告的证券发行文件、定期报告、临时报告及其他信息披露资料存在虚假记载、误导性陈述或者重大遗漏，致使投资者在证券交易中遭受损失的，信息披露义务人应当承担赔偿责任；发行人的控股股东、实际控制人、董事、监事、高级管理人员和其他直接责任人员以及保荐人、承销的证券公司及其直接责任人员，应当与发行人承担连带赔偿责任，但是能够证明自己没有过错的除外。"据此，2019年版《证券法》维持了前一版本《证券法》中承销商承担过错推定责任的规定，但将控股股东、实际控制人的归责原则由过错责任修订为过错推定责任，考虑了我国企业中控股股东、实际控制人对公司控制力普遍较强的实际情况，是值得肯定的。

综上，我国《证券法》中承销商的民事责任归责原则经历了由严格责任向过错推定责任的改变，《证券法》中对承销商的责任配置不断趋于合理。

（二）司法解释

与法律层面相关规定的日臻完善相比，司法层面对包括承销商责任在内的虚假陈述民事责任的适用与发展步伐略显缓慢。2002年1月，《最高人民法院关于受理证券市场因虚假陈述引发的民事侵权纠纷案件有关问题的通知》发布之前，法院系统对虚假陈述民事责任纠纷一直持消极回避态度。虽然在法律层面早在1998年版的《证券法》中就已经规定了虚假陈述民事责任，但司法审判实践中的相关案例寥寥无几，即便有投资者提起了诉讼，最终却还是被法院驳回诉讼请求。2002年1月，《最高人民法院关于受理证券市场因虚假陈述引发的民事侵权纠纷案件有关问题的通知》（已废止）发布，该通知有关规定，人民法院受理的虚假陈述民事赔偿案件，其虚假陈述行为，须经中国证券监督管理委员会及其派出机构调查并作出生效处罚决定。当事人依据查处结果作为提起民事诉讼事实依据的，人民法院方予依法受理。至此我国法院系统才正式开启了虚假陈述民事责任赔偿机制的正式实践。但此时，法院系统对相关案件的态度仍旧相对保守，规定证券监督管理部门的查处结果是法院受理虚假陈述民事赔偿案件的前提，投资人尚不能径直提起民事赔偿诉讼。

2003年2月，最高人民法院发布《最高人民法院关于审理证券市场因虚假陈述引发的民事赔偿案件的若干规定》（已废止），在2002年1月通知的基础上，最高人民法院进一步明确了虚假陈述民事赔偿责任案件的审理要求，明确了承销商可以成为虚假陈述证券民事赔偿案件的被告，明确了承销商责任的侵权责任属性，明确了虚假陈述行为人的归责原则和免责事由，其中对承销商采用过错推定责任原则，承销商可以通过证明自己没有过错而免责，但对于如何证明"没有过错"，上述司法解释并没有给出明确的方法。需要指出的是，在上述司法解释生效时有效的《证券法》为1998年版《证券法》，其规定的承销商的归责原则尚为严格责任，此时司法解释的相关内容与《证券法》发生了冲突。

最高人民法院2020年7月发布了《全国法院审理债券纠纷案件座谈会纪要》，根据上述司法解释，承销商的责任承担要做到与过错程度相结合。债券承销机构和债券服务机构对与各自专业相关的业务事项未履行特别注意义务，对其他业务事项未履行普通注意义务的，应当判令其承担相应法律责任。上述司法解释进一步列举了承销商存在过错的情形，以及承销商可以免责抗辩的情形，在2003年2月司法解释的基础上又进一步结合实际情况细化了审判要求。

2022年1月，最高人民法院发布了《最高人民法院关于审理证券市场虚假陈述侵权民事赔偿案件的若干规定》，上述司法解释取消了虚假陈述民事诉讼的行政前置程序，并进一步明确了承销商的"过错"具体包括故意和重大过失两种类型以及承销商证明其没有过错免责的具体情形。2022年1月司法解释生效后，2002年1月和2003年2月司法解释同时废止。

第四节 承销商民事责任的案例分析

一、"13北皓天"案

2013年9月，北极皓天公司发行了中小企业私募债券"13北皓天"，由中山证券担任承销商。该债券的实际发行金额为9400万元，其中嘉实公司认购了2700万元，并在2016年将债权转让给中金创新。然而，在2016年，北极皓天公司出现债券违约，导致投资人蒙受巨大损失。中金创新随后起诉中山证券，认为其未能按规定进行尽职调查，在明知或应知发行人和担保人存在严重虚假记载、误导性陈述和重大遗漏的情况下，仍然进行了承销，要求中山证券承担连带赔偿责任。江苏省南京市中级人民法院做出（2018）苏01民初507号民事判决，判令北极皓天向中金创新赔偿3294万元及按年利率11%计算的利息，判令中山证券等对前述赔偿债务承担连带责任。中山证券因不服该案判决，向江苏省高级人民法院提起上诉。经审理，江苏省高级人民法院推翻了江苏省南京市中级人民法的判决，裁定撤销江苏省南京市中级人民法院（2018）苏01民初507号民事判决；驳回中金创新的起诉。江苏省高级人民法院的裁定显示，中山证券在尽职调查和承销过程中并未存在明显过失或故意隐瞒重大信息，符合法律和行业规范的要求。尽管发行人北极皓天公司最终违约，但中山证券作为承销商并未直接导致投资者损失。这一案例表明只要承销商能够证明其在尽职调查和信息披露过程中尽到了合理的勤勉尽责义务，并不存在故意或重大过失，可以在法律上免责。

基于以上案例，我们可以总结出：第一，案件结果强调了承销商在履行尽职调查和信息披露责任时，必须严格遵守法律法规和行业规范，确保尽职调查过程的完整性和透明性。这表明承销商需要建立完善的内部控制制度和风险管理体系，全面评估发行人的财务状况和信用风险，防止虚假陈述和信息披露问题的发生。这也表明承销商应制定严格的信息披露制度，在编制募集说明书时，应详细列明发行人的财务数据、经营业绩、发展前景以及面临的风险因素，对数据来源和分析方法进行说明，并建立信息披露的动态监控机制，在发行人发生重大变化或面临重大风险时，及时更新和披露相关信息，确保投资者能够持续获得最新的、真实的信息。

第二，案件结果强调投资者在证券发行过程中必须保持清醒的头脑，进行独立的风险评估和判断，全面了解投资标的风险和收益。具体而言，首先，投资者应关注发行人的财务状况、经营模式、市场环境以及可能影响其偿债能力的各种因素，进行全面而深入的分析，更好地理解所投资的产品，识别潜在的风险和收益，掌握投资标的的实际情况，避免因信息不对称或误导性陈述而遭受损失，从而做出更为理性的投资决策。在此基础上，投资者在进行投资时应根据自身的风险承受能力和投资目标，选择适合自己的投资产品和策略。其中，风险承受能力较低的投资者，应尽量选择稳健型投资产品，避免参与高风险、高波动性的证券投资；具有较高风险承受能力的投资者，可以根据市场情况和自身判断，适当配置高风险、高收益的投资品种。其次，投资者在证券发行和交易过程中，应该具备充分的信息获取和分析能力，善于利用财务报表、市场分析报告、行业新闻等各种信息渠道，及时获取和更新有关投资标的相关信息，并通过学习和经验的积累，提升自身的判断力和决策力，在复杂多变的市场环境中保持冷静和理性，避免盲目跟风或情绪波动而做出错误的投资决策。最后，投资者应通过科学的风险控制手段，保护自己的投资利益。为此，投资者应建立和完善自身的风险管理机制，通过设定止损点、分散投资、定期调整投资组合等方式，并根据市场变化和自身情况，灵活调整投资策略，及时应对市场风险和不确定性，从而能够保护自身的投资利益，并在长期投资中获得稳健的收益。例如，在市场行情不稳定或经济环境不确定性增加的时期，投资者可以适当减少风险资产的配置，增加安全资产的比重，以降低整体投资风险。

第三，随着金融市场的不断发展和创新，金融产品和交易方式日益复杂，各种新型金融工具和复杂交易结构层出不穷，传统的监管方式已经难以全面覆盖和有效监控这些新的市场活动，监管部门需要不断完善监管框架，强化监管手段，确保市场的透明和公正。首先，监管部门需要加强对金融创新的研究和分析，及时识别和评估新型金融产品和交易方式的潜在风险，深入了解新产品的运行机制和风险点，制定针对性的监管政策和措施。其中，对于复杂的衍生品交易和高频交易，监管部门可以通过引入更加严格的资本充足率要求和风险管理规定，来防止系统性风险的积累和爆发；对于金融科技公司推出的数字货币、区块链应用和其他创新型金融服务，监管部门应设立专门的审查机制，对其技术安全性、操作合规性和市场影响进行全面评估，并制定相应的监管框架和操作指南，以指导市场参与者的行为。其次，监管部门应加大对市场参与者的监督和检查力度，确保金融机构、承销商、投资者等各类主体都严格遵守法律法规和行业规范。其中，对于承销商的尽职调查和信息披露行为，监管部门可以制定详细的操作规范和标准，定期对其进行检查和评估，确保其履行应尽的责任和义务；对于投资者，监管部门应加强金融教育和投资者保护，提升投资者的风险识别和防范能力，可以通过媒体宣传、在线教育平台、线下培训等方式，向公众普及金融知识和投资技巧，提高其对金融市场的认识和理解。对于承销商等金融机构，监管部门可以通过制定和实施更加严格的公司治理准则和内部控制要求，督促其不断完善其治理结构和风险管理体系，确保其经营行为的合规性和透明度，并加强对金融机构的现场检查，及时发现和纠正其经营中的违规行为，防范金融风险的积累和爆发。此外，监管机构应建立和完善信息共享和协调机制，通过建立统一的信息平台和数据共享机制，将各类市场数据和交易信息集中存储和管理，实现各类监管信息的互联互通和及时更新，便于监管部门实时监控和分析市场动态，提高监管效率和透明度。最后，随着科技的快速发展，监管部门应积极运用大数据、人工智能和区块链等先进技术，提升监管的科学性和有效性。其中，监管机构可以通过大数据技术分析市场交易数据，识别出可能的市场操纵行为和内幕交易，提高监管的精准度和效率；也可以通过区块链技术实现交易数据的不可篡改和全程追溯，提高信息披露的透明度和可信度，防止虚假信息和市场欺诈行为的发生；还可以通过人工智能技术对海量的监管数据进行自动化处理和智能分析，提升决策支持的效率和准确性；通过自然语言处理技术，自动化分析大量的文本数据，对上市公司公告、媒体报道、社交媒体评论等进行分析和舆情监控，及时发现市场中的潜在问题和风险信号，为监管决策提供支持。随着金融市场的不断发展和复杂化，法律法规需要不断完善和更新，以适应市场的新变化和新需求。通过加强法律的执行力度，提升司法的透明度和公正性，可以更好地维护市场秩序，保护投资者的合法权益，促进金融市场的长期稳定发展。

二、"五洋"案

五洋建设集团股份有限公司（以下简称五洋建设）发行的公司债券因存在欺诈发行、虚假陈述等违规行为，导致487名债券投资者遭受严重的投资损失。此次案件涉及多方责任主体，包括五洋建设的董事长兼控股股东、债券承销商和受托管理人德邦证券股份有限公司（以下简称德邦证券），以及提供专业意见和评估的第三方机构大信会计师事务所（特殊普通合伙）（以下简称大信会计）、上海市锦天城律师事务所（以下简称锦天城律所）和大公国际资信评估有限公司（以下简称大公国际）。投资者因五洋建设的虚假陈述遭受投资损失，对五洋建设进行了起诉。在这一案件中，五洋建设作为发行主体，应有义务确保其所提供的所有信息真实、准确、完整，然而，其在债券募集说明书中故意隐瞒了其财务方面的真实情况，发布了误导性陈述，其作为信息披露的主要责任方，应对因其欺诈行为造成的投资者损失承担首要责任。另外，根据《证券法》和相关法规，承销商在债券发行过程中负有严格的尽职调查和信息披露审核责任，而德邦证券在本案中被指未能履行其应尽的审慎调查义务，未能识别和纠正五洋建设的虚假陈述，导致不实信息进入市场，需要与五洋建设共同对投资者的损失承担连带赔偿责任。另外，在第三方专业机构中，大信会计作为审计机构，未能发现并揭示五洋建设财务报表中的虚假信息。锦天城律所作为法律顾问，未能有效履行法律审查职责，对五洋建设的法律合规性未提出质疑。大公国际作为资信评估机构，未能准确评估五洋建设的信用风险，出具了误导性的信用评级报告。这些专业服务机构在其提供的服务中存在重大过失或故意等不当行为，也应对因其失职造成的投资者损失承担相应的赔偿责任。案件分析表明，债券发行涉及多个责任主体，任何一个环节的失职或违规行为都可能导致信息披露失真，进而损害投资者利益，相关主体应该对此承担法律责任。

　　针对此案件，一审浙江省杭州市中级人民法院认为，在公司债券募集说明书中，承销商与中介机构均确认募集说明书不会因所引用内容而出现虚假记载、误导性陈述或重大遗漏，并对其真实性、准确性和完整性承担相应的法律责任。经具体审查，法院发现承销机构与中介机构在其工作中均存在不同程度的未尽责履职情形。承销商德邦证券作为募集说明书的主要审核方，未能充分履行其尽职调查义务，导致虚假信息未被及时发现并纠正。大信会计作为审计机构，未能发现并揭示五洋建设财务报表中的虚假信息，存在严重的失职行为。发行人的控股股东、实际控制人作为五洋建设的董事长，直接参与并主导了欺诈发行和虚假陈述的行为，应对投资者的损失承担主要责任。为此，遂判令发行人的控股股东、实际控制人、德邦证券、大信会计就五洋建设对原告的债务本息承担连带赔偿责任；锦天城律所、大公国际就五洋建设应负债务本息分别在5%和10%范围内承担连带赔偿责任①。

本案对于债券承销机构与第三方专业机构在虚假陈述责任纠纷案件中的责任厘定进行了分析与研判，明确并强调了"看门人"机构未尽责履职的法律后果，判决承销商与中介机构付出违法违规的成本，对投资者的损失予以赔偿。真实、有效、及时的信息披露是资本市场健康发展的基石，然而，一些公司受利益驱动而做出的欺诈发行和虚假陈述等违法行为，损害了广大投资者的合法权益，会危及资本市场秩序。随着"强监管"的推进，人民法院也不断加强对证券虚假陈述案件的审判能力，保障资本市场的高质量发展和中小投资者权益，努力打造市场化、法治化的营商环境。487名自然人投资者诉五洋建设集团股份有限公司等被告证券虚假陈述责任纠纷案件准确适用了《证券法》的相关规定，体现了《全国法院审理债券纠纷案件座谈会纪要》的精神，明确了债券欺诈发行中侵权责任的认定标准，为债券投资者提供了清晰的司法救济途径，并明确了债券承销商与第三方专业机构未尽职履职的法律后果，判决承销商与中介机构对投资者的损失予以赔偿，搭建了投资者快速、便捷、高效维权的救济渠道。本案判决指出："让破坏者付出代价，让装睡的'看门人'不敢装睡，这是司法对证券市场虚假陈述行为的基本态度。"②上述案例向资本市场发出了强监管的明确信号，强调通过各方的共同努力，维护市场信息的透明性和真实性，才能真正保护投资者的合法

---

① 【优化法治化营商环境】保护中小投资者典型案例（一）（thepaper.cn）.
② 【优化法治化营商环境】保护中小投资者典型案例（一）（thepaper.cn）.

权益，促进资本市场的健康可持续发展。

三、"国裕"案

2014年2月8日，被告上海浦东发展银行股份有限公司（以下简称浦发银行）作为主承销商，与武汉国裕物流产业集团有限公司（以下简称国裕物流公司）签订"承销协议"，约定国裕物流公司向中国银行间市场交易商协会（交易商协会）申请注册总额不超过人民币11亿元的债务融资工具。融资券情况如表1–3所示。"现券买卖成交单"显示，2016年1月13日，原告中国一拖集团财务有限责任公司（以下简称一拖集团财务公司）买入15国裕物流CP001，券面总额5000万元，交易金额49 775 300元，应计利息总额1 530 054.64元，结算金额51 305 354.64元，卖出方为"上海浦东发展银行资管"，受托方为被告。2015年11月18日，国裕物流公司组织各融资银行召开债权人会议，会议备忘录中记载签字银行包括被告，其签名代表为杨某。2015年12月23日，武汉市地方金融工作局召集包括国裕物流公司、被告武汉分行等融资银行在内的单位，召开国裕物流公司银行信贷协调会。协调会纪要载明，国裕物流公司的盈利能力大幅度下降，出现收不抵支现状，经营现金流日益紧张，企业生产濒于停产边缘。协调会纪要载明被告参会人员为俞某、杨某。2016年1月20日，国裕物流公司向被告报送该公司自助查询版"企业信用报告"。2016年1月22日，被告向国裕物流公司发送邮件，要求发行人填报交船订单延期和撤销情况。2016年1月29日、2月1日，被告向国裕物流公司发送邮件，要求发行人严格做好订单撤销和推迟事项的信息披露工作。2016年2月2日、3月28日，国裕物流公司先后发布两份"造船订单推迟、取消公告"。2016年2月22日，被告自行查询国裕物流公司银行版"企业信用报告"，发现报告期内有欠息和垫款记录。2016年2月24日、2月26日、3月14

日，被告分别向国裕物流公司发送邮件，要求发行人对信贷违约进行全面核查和信息披露。2016年3月14日，发行人发布《债务逾期公告》，披露从2015年12月18日开始，发行人子公司发生贷款逾期；从2016年1月11日开始，国裕物流公司发生贷款逾期。在被告发送给国裕物流公司的相关邮件中，部分邮件抄送"杨某（武汉）"等被告武汉分行江岸支行人员。2016年3月15日，被告向国裕物流公司发送邮件，告知发行人要求召开投资人沟通会和持有人会议及会议具体安排事宜。2016年3月17日，被告分别发布召开15国裕物流CP001及15国裕物流CP002持有人会议公告，2016年4月6日召开两期短期融资券持有人会议。2016年8月及10月，被告及国裕物流公司均发布《短期融资券未按期足额兑付本息的公告》，分别宣布截止涉案短融券到期兑付日终，发行人未能按照约定筹措足额偿债资金，两期短融券不能按期足额兑付。原告称，2016年1月，原告自被告购入面值总额为5000万元的15国裕物流CP001，从其他主体购入面值总额为4000万元的15国裕物流CP002。2016年8月及2016年10月，被告对外发布公告，宣布国裕物流公司未能按照约定筹措足额偿债资金，两期短期融资券均无法按期足额支付。原告认为，被告作为涉案两期短期融资券的主承销商，未履行信息披露督导义务，对发行人的生产经营状况、贷款逾期、募集资金用途变更等情况未披露；在已知晓发行人发生重大财务问题的情况下，隐瞒其已知晓的足以影响发行人兑付能力的内幕信息，于2016年1月将15国裕物流CP001转让给原告，直接造成原告重大财产损失。故诉至法院，请求判令被告赔偿短融券损失本金9000万元、利息630万元、罚息14 137 200元（暂计）、律师费15万元。

表1-3 融资券情况

发行日期	债券名称	发行金额	起息日	到期兑付日	票面利率
2015-8-5	15 国裕物流 CP001	4 亿元	2015-8-6	2016-8-6	7.00%
2015-10-26	15 国裕物流 CP002	2 亿元	2015-10-28	2016-10-28	7.00%

法院生效判决认为：被告浦发银行履行后续管理未有不当，原告一拖集团财务公司产生的损失，系主承销商的侵权责任，责任范围应根据浦发银行的行为和一拖集团财务公司的损失之间的关系链及原因力大小合理确定，浦发银行卖出债券的行为不是一拖集团财务公司产生损失的根本原因。浦发银行作为主承销商，其承担转让债券时因主承销商、债券持有人身份构成的利益冲突而对相对方产生的侵权责任，该责任主要系由其法定义务而产生，并非对一拖集团财务公司有终局性的赔偿责任，故应承担一定比例赔偿责任①。

根据《证券法》规定，主承销商在债券发行过程中负有严格的信息披露义务，必须确保所有披露的信息真实、准确、完整。当承销商在明知信息不实或存在重大风险的情况下仍继续进行推介和销售，未及时发现和披露重要信息，其行为将构成过错，应对投资者的损失承担赔偿责任。在案件中，虽然浦发银行在债券发行和管理过程中采取了要求国裕物流公司进行信息披露、发布公告和召开持有人会议等措施，但这些措施不足以履行主承销商的全面信息披露义务，未能及时将国裕物流公司的财务问题和经营风险告知投资者，在明知公司财务状况不佳的情况下，仍将15国裕物流CP001出售给原告，隐瞒了足以影响投资决策的关键信息。这一案件反映了承销商在债券市场中履行信息披露义务方面的重要性和复杂性，指出承销商是信息披露的审核者和发布者，是投资者与发行人之间的重要桥梁，承担着保障市场透明度和投资者权益的重任。

---

① 吴峻雪，杨晖．上海金融法院课题组：关于银行间债券市场主承销商因利冲侵权承担赔偿责任的判定 [EB/OL]．（2023-10-08）.https://mp.weixin.qq.com/s?__biz=MzA4MjY4MzM1NA==&mid=2649875028&idx=1&sn=fb5258f04ffbd58633f077a320dac99c&chksm=8784b6e1b0f33ff70e34790e089316274de00f259b405ef6bf4ba716d879fd2134c68c131322&scene=27.

四、"康美药业"案

2020年12月31日，顾某和刘某经11名原告共同推选为代表人，对康美药业股份有限公司（以下简称康美药业）提起普通代表人诉讼，要求康美药业及其主要责任人马某、许某等22名被告赔偿投资损失，并于2021年3月30日，原告进一步申请追加广东正中珠江会计师事务所（特殊普通合伙）（以下简称正中珠江会计）等五名当事人为被告，要求其与前述22名被告承担连带赔偿责任。2021年4月8日，中证中小投资者服务中心有限责任公司（以下简称投服中心）受56名投资者特别授权，申请作为代表人参与诉讼。经最高人民法院指定管辖，广东省广州市中级人民法院适用特别代表人诉讼程序审理该案。广州中院查明，康美药业财务报表中存在虚增营业收入、货币资金等虚假陈述行为，正中珠江会计出具的审计报告也存在虚假记载。专业机构评估扣除系统风险后，投资者实际损失为24.59亿元。广州中院认为，康美药业的虚假陈述行为直接导致了投资者的损失，必须承担相应的赔偿责任。马某、许某等人策划和组织财务造假，正中珠江会计及相关审计人员违反执业准则，均应对投资者损失承担全部连带赔偿责任。康美药业部分董事、监事和高级管理人员虽然未直接参与造假，但他们签字确认了虚假的财务报告，需根据过失程度分别在投资者损失的20%、10%及5%范围内承担连带赔偿责任。2021年11月12日，广州中院做出判决。宣判后当事人均未上诉，判决已生效[①]。

康美药业的虚假陈述行为损害了投资者的利益，严重破坏了市场的公平性和透明性。具体而言，康美药业通过虚增营业收入、货币资金等手段，向市场传递了虚假的财务健康状况，使投资者误以为公司经营状况良好，从

[①]2021年全国法院十大商事案件 [EB/OL].（2022-01-29）.https://www.court.gou.cn/zixun/xzangqing/34444/.html.

而基于这些虚假信息做出投资决策，这直接侵害了投资者的财产权利，进一步导致市场信息失真，破坏了市场的定价机制，影响了资本市场的整体运行效率和稳定性。康美药业作为上市公司，其董事长马某、许某等高级管理人员作为企业治理和信息披露的第一责任人，未能履行其应有的责任，反而积极参与和策划财务造假，导致了公司财务信息失真，影响了整个企业的诚信度和市场形象。正中珠江会计作为专业的审计机构，未能发现并揭示财务造假行为，出具了含有虚假记载的审计报告，显示出其在执业过程中缺乏应有的独立性和专业性。在案件判决中，法院明确了发行人及其高管、审计机构和相关人员的法律责任，要求其对投资者的损失承担连带赔偿责任，这强调了各方在信息披露和财务审核中的义务，表明任何失职或违规行为都将面临严厉的法律追责。这样的司法判决，有助于督促中介机构提升专业水平和职业道德，严格履行尽职调查和信息披露的审核职责，防止类似事件的再次发生。从更广泛的角度来看，通过严格的司法审判和明确的法律责任划分，中小投资者通过特别代表人诉讼程序，获得了有效的法律救济，降低了维权成本，而投服中心的介入，推动了投资者保护机制的完善。案件进一步表明司法的公正与透明是维护市场信心和稳定的重要基石，通过此次案件的判决，可以预见，未来证券市场的监管和执法将更加严格，投资者的权益将得到更有效的保护，市场秩序也将更加规范和健康。随着法律法规的进一步健全和执法力度的不断加强，市场参与者的合规意识和诚信水平将不断提升，我国资本市场的透明度和公信力也将显著增强。

五、小结

针对以上案例分析，我们可以得到以下启示：在发行人角度，发行人需要确保所有披露的信息真实、准确和完整。发行人应当建立完善的内部控制和合规管理体系，确保所有财务数据和经营信息的透明度，提供真实、完整的信息，避免因信息不实而招致法律风险和市场信任危机。在承销商角度，承销商应当严格按照法律法规和行业规范，全面深入地进行尽职调查，确保招股说明书或募集说明书等文件中所有信息的真实性、准确性和完整性，并在此基础上，建立健全内部审查和合规管理体系，对尽职调查过程中的每一步骤进行详细记录和审查，确保信息披露工作的可追溯性和合规性。在第三方中介机构的角度，会计师事务所、律师事务所和资信评估机构等第三方专业机构应保持高度的独立性和专业性，提供客观、公正的专业意见和报告，避免因未尽职调查或提供误导性信息而承担法律责任。在监管机构角度，监管机构应加强对证券市场的监管力度，严格监督发行人和中介机构的尽职调查和信息披露行为，防范和惩治各类违法违规行为，保护投资者利益。在司法系统角度，司法系统应充分发挥在维护投资者权益和市场公正性方面的重要作用，为投资者提供有效的法律保障，保护投资者的权益，促使市场参与方在实际操作中更加谨慎和负责。综上，证券市场的各参与方必须共同努力，严格遵守法律法规和行业规范，确保信息披露的真实性、准确性和完整性。发行人应建立健全内部控制和合规管理体系，承销商和第三方专业机构应加强尽职调查和信息审核，司法系统和监管机构应严格执行法律，维护市场的公正和透明。随着市场的不断发展，各市场参与方应不断提高专业水平和合规意识，推动资本市场的法治建设和规范发展，促进经济的持续稳定增长。

第二章　承销商民事责任的构成要件

如上文所述，承销商民事责任作为虚假陈述民事责任中重要的构成部分，在性质上属于侵权责任，应满足侵权责任的构成要件；同时，虚假陈述责任因为具有证券法上的特殊性，又在传统侵权责任构成要件下发展出了"重大性"和"交易因果关系"两个特殊的构成要件。因此，承销商虚假陈述侵权责任的构成要件有六个，即①被告实施了虚假陈述行为；②虚假陈述行为具有重大性，即足以影响交易价格或者交易量；③交易因果关系，即原告的投资决定受被告的虚假陈述影响；④被告具有过错，即主观上具有恶意（原告无举证责任）；⑤原告遭受损失；⑥存在损失因果关系，即原告的损失由被告的虚假陈述行为造成。其中构成要件①和②均与"违法行为"这一侵权责任的构成要件相关，因此合并于第一节进行论述；构成要件⑤和⑥均与损失相关，因此合并于第四节进行论述；过错要件和交易因果关系要件各自单独成编，分别于第二节、第三节进行论述。

第一节　被告实施了虚假陈述行为

行为的违法性是构成侵权损害赔偿责任的第一个要件，行为人只对违法行为承担责任。构成侵权损害赔偿责任的行为，必须是违反法律的行为。如果造成他人的财产或人身损害的行为是违反法律的，那么行为人就具备了损害承担赔偿责任的要件之一；相反，行为人的行为是合乎法律规定的行为，那么，即使这种行为造成了损害，行为人也不承担赔偿责任[①]。被告实施了符合重大性标准的虚假陈述行为即为侵权责任"违法行为"构成要件。

一、虚假陈述行为的内涵

我国法律和行政法规层面没有给出"虚假陈述"的具体含义，而是以界定外延的方式来描述"虚假陈述"的概念，如《证券法》第八十五条规定，"信息披露义务人未按照规定披露信息，或者公告的证券发行文件、定期报告、临时报告及其他信息披露资料存在虚假记载、误导性陈述或者重大遗漏，致使投资者在证券交易中遭受损失的，信息披露义务人应当承担赔偿责任；发行人的控股股东、实际控制人、董事、监事、高级管理人员和其他直接责任人员以及保荐人、承销的证券公司及其直接责任人员，应当与发行人承担连带赔偿责任，但是能够证明自己没有过错的除外。"上述条文中的"虚假记载、误导性陈述或者重大遗漏"即为我国现行法律中关于"虚假陈述"外延的规定，这三项外延分别对应着我国证券法上规定的信息披露应当满足的三项标准，即真实性、准确性和完整性[②]。真实性要求承销商必须确保所有披露的信息完全真实，没有任何虚假成分；准确性要求承销商在审核过程中核实信息的来源，确保信息的表述和传达方式准确无误；完整性要承销商需要确保所有对投资者投资决策具有重要影响的信息都得到充分披露，防止因信息不完整而导致投资者做出错误判断。违反信息披露真实性原则的

---

① 杨立新.侵权责任法 [M].北京：法律出版社，2021：57.
② 我国《证券法》第十九条规定，发行人报送的证券发行申请文件，应当充分披露投资者作出价值判断和投资决策所必需的信息，内容应当真实、准确、完整。为证券发行出具有关文件的证券服务机构和人员，必须严格履行法定职责，保证所出具文件的真实性、准确性和完整性。

行为可以构成"虚假记载",违反信息披露准确性原则的行为可以构成"误导性陈述",违反信息披露完整性的行为可以构成"重大遗漏"。此外,认定虚假陈述还应符合一定的客观性标准,即关键要从一个具有普通智商和普通商业伦理观念的投资者的角度来看,被告人的信息披露行为是否同时符合全面性、真实性、最新性、易得性、易解性与合法性六大法律标准①。

《最高人民法院关于审理证券市场虚假陈述侵权民事赔偿案件的若干规定》第四条对虚假陈述的概念进行了明确:"信息披露义务人违反法律、行政法规、监管部门制定的规章和规范性文件关于信息披露的规定,在披露的信息中存在虚假记载、误导性陈述或者重大遗漏的,人民法院应当认定为虚假陈述。"此外,该条又进一步规定了"虚假记载、误导性陈述或者重大遗漏"的具体含义。虚假记载,是指信息披露义务人披露的信息中对相关财务数据进行重大不实记载,或者对其他重要信息作出与真实情况不符的描述。误导性陈述,是指信息披露义务人披露的信息隐瞒了与之相关的部分重要事实,或者未及时披露相关更正、确认信息,致使已经披露的信息因不完整、不准确而具有误导性。重大遗漏,是指信息披露义务人违反关于信息披露的规定,对重大事件或者重要事项等应当披露的信息未予披露。上述司法解释第五条进一步规定,"证券法第八十五条规定的'未按照规定披露信息',是指信息披露义务人未按照规定的期限、方式等要求及时、公平披露信息。"上述司法解释在《证券法》的基础上进一步对虚假陈述行为的认定进行了细化,给审判实践工作提供了更为明确的指引。

《证券法》以及《最高人民法院关于审理证券市场虚假陈述侵权民事赔偿案件的若干规定》的规定给承销商提出了更高的履职要求。为了避免出现虚假陈述,承销商在履行责任时,必须具备高度的专业能力和职业道德。一

---

① 刘俊海.论证券市场法律责任的立法和司法协调 [J].现代法学,2003(1):3-13.

方面，承销商需要建立健全内部控制和风险管理体系，设立专门的尽职调查团队，对发行人的财务状况、业务运营、市场前景等方面进行全面深入的调查和评估，并结合大数据分析、人工智能等先进的技术手段，对海量数据进行高效分析和验证，提高信息核查的准确性和效率，确保所有披露信息的真实性、准确性和完整性。在此基础上，承销商需要建立多层次的审核机制，对尽职调查报告和信息披露文件进行逐级审查和批准，确保任何错误和遗漏能够在早期被发现和纠正，并对整个信息核查和披露过程进行独立的审查和监控，确保所有操作均符合法律法规和内部标准。另一方面，承销商需要加强内部培训，通过定期举办培训课程、研讨会和模拟演练等方式，帮助员工了解和掌握最新的市场动态、法律法规和技术工具，提升其对虚假陈述行为的识别能力。在此基础上，针对新入职员工和关键岗位人员，承销商应制定专门的培训计划，确保其能够迅速适应工作要求并达到公司标准。在信息披露后，承销商还应持续跟踪市场反应和投资者反馈，及时发现和处理潜在问题和风险，确保所有信息披露的过程和结果都有详细记录，便于日后查证和审计。在实际操作中，承销商一旦发现募集文件中存在虚假陈述，必须及时采取纠正措施，通过重新核实信息、修改募集文件、补充披露遗漏信息等措施，最大限度地减少虚假陈述问题对投资者的影响，并将问题和处理结果及时向监管机构和投资者披露，确保所有信息披露的准确性和时效性，极力防止虚假陈述。

二、虚假陈述的"重大性"标准

信息披露制度是发行人、上市公司以招股说明书、募集说明书、定期报告、临时报告等形式向投资人提供与自身相关的信息，以便投资人可以根据这些信息做出理性的投资决策的制度。但是在实践中，与发行人、上市公司相关的信息涉及方方面面，数量繁多，如果一律要求信息披露义务人进行披露，一方面，从发行人、上市公司及承销商角度考虑，过度的信息披露将消耗大量的人力、物力资源，带来大额的成本和费用；另一方面，从投资人角度考虑，过度的信息披露将使投资者暴露在琐碎、庞杂、大量的信息海洋之中，无法甄别出哪些信息将对投资决策造成重大影响，反而不利于其做出理性的投资决策。因此，各国信息披露制度中普遍规定信息披露的"重大性"原则。确定"重大性"的标准主要有"对投资者做出投资决策具有重大影响""对股票交易价格具有重大影响"等。

如果对我国《证券法》第八十五条进行文义解释，我们似乎无法得出相关条款包含了"重大性"标准的含义，在虚假陈述行为的三种表现形式中，似乎只有"重大遗漏"中提及了"重大"，而虚假记载和误导性陈述均不以"重大"为前提。司法层面，在2022年《最高人民法院关于审理证券市场因虚假陈述引发的民事赔偿案件的若干规定》生效之前，我国虚假陈述民事赔偿案件实行起诉前置程序，彼时只有被行政处罚或者被追究刑事责任的被告，才符合虚假陈述的"重大性"原则。2022年，司法解释生效后，考虑到信息披露的针对性及信息披露义务人的可承受性，《最高人民法院关于审理证券市场因虚假陈述引发的民事赔偿案件的若干规定》在第四条对证券法上"虚假陈述"的含义进行了限缩解释，其规定只有存在"重大不实记载""重要事实"的误导性陈述以及"重大事件"或"重要事项"的重大遗漏才构成"虚假陈述"。此外，上述司法解释在第十条中又进一步规定了虚假陈述"重大性"的具体表现，即"有下列情形之一的，人民法院应当认定虚假陈述的内容具有重大性：（一）虚假陈述的内容属于证券法第八十条第二款、第八十一条第二款规定的重大事件；（二）虚假陈述的内容属于监管部门制定的规章和规范性文件中要求披露的重大事件或者重要事项；（三）虚假陈述的实施、揭露或者更正导致相关证券的交易价格或者交易量产生明显的变化。"前款第一项、第二项所列情形，被告提交证据足以证明虚假陈述并未导致相关证券交易价格或者交易量明显变化的，人民法院应当认定虚假陈述的内容不具有重大性。被告能够证明虚假陈述不具有重大性，并以此抗辩不应当承担民事责任的，人民法院应当予以支持。由此，2022年司法解释中的"重大性"主要遵循两个标准：一是理性投资者标准，即重大事件和重大事项将会实质性地影响投资者的交易决策；二是价格敏感性标准，信息的披露将会对相关股票价格产生实质性的影响，那么该信息具有重大性。

三、预测信息的"安全港"制度

根据所披露的信息是否已经实际发生，可以将披露信息分为硬信息和软信息。其中硬信息又称历史信息，是对已经发生的事实或者正在发生的事实的陈述；软信息，又称预测信息，是对即将发生事实的预测[①]。投资者进行投资决策时，发行人或上市公司盈利能力的可持续性及公司的成长性是需要考虑的重要方面，因此投资者对发行人及上市公司披露业绩预测信息存在着客观需求，各国由此普遍建立了预测信息的披露制度。对于硬信息是否存在虚假陈述的判断相对容易，只需尊重客观性标准即可；对于软信息是否存在虚假陈述的判断则较为困难，因为软信息具有预测属性，任何人都无法确保预测的信息在未来一定能够实现。因此，软信息的虚假陈述认定与硬信息的虚假陈述认定应遵循差异化的标准。法院在认定软信息是否构成虚假陈述

---

① 刘俊海.论证券市场法律责任的立法和司法协调 [J].现代法学，2003（1）：3-13.

时，应承认预测信息存在一定无法实现概率的客观事实；同时也要综合考量，进一步考察信息披露义务人是否遵循了诚实信用原则，做出相应预测的依据是否充分，不能因为是预测信息就允许信息披露义务人毫无依据随意披露、信口雌黄，否则最终将导致投资者为此买单。

2022年，最高人民法院发布的《最高人民法院关于审理证券市场因虚假陈述引发的民事赔偿案件的若干规定》中规定了预测信息的"安全港"制度。上述司法解释第六条规定，"原告以信息披露文件中的盈利预测、发展规划等预测性信息与实际经营情况存在重大差异为由主张发行人实施虚假陈述的，人民法院不予支持，但有下列情形之一的除外：（一）信息披露文件未对影响该预测实现的重要因素进行充分风险提示的；（二）预测性信息所依据的基本假设、选用的会计政策等编制基础明显不合理的；（三）预测性信息所依据的前提发生重大变化时，未及时履行更正义务的。前款所称的重大差异，可以参照监管部门和证券交易场所的有关规定认定。"上述规定旨在鼓励发行人自愿披露信息，防止信息披露责任过重导致民事责任的寒蝉效应，同时也对发行人预测信息披露的虚假陈述责任豁免设定了必要的限制，即需要满足预先警示原则和及时更新义务，预测信息的依据也不得存在明显不合理的情况。上述司法解释的相关规定充分权衡了各方当事人的利益，值得肯定。

法院在认定预测信息是否构成虚假陈述时可以参考第三方专业机构的意见。如在一起案例中，一家承销商在承销一家新兴市场公司的股票时，发布了过于乐观的市场前景报告，未能充分揭示与该公司业务相关的政治风险。然而，当突发政治危机时导致股市暴跌，投资者遭受了巨大损失。投资者在诉讼中通过市场分析专家证明承销商的市场报告与实际可获得的风险信息明显不符，法院最终判令承销商对投资者的损失承担责任。

第二节　被告具有过错

虽然承销商民事责任归责原则适用过错推定原则，但这并不意味着"过错"不再成为承销商民事责任的构成要件，只是说在认定承销商侵权责任构成时，承销商的"过错"无须由原告举证证明，法律自动推定承销商存在过错。但是承销商可以通过证明自己不存在过错而攻击"被告存在过错"这一侵权责任构成要件，进而实现免责目标。

一、承销商过错的形态

关于过错究竟是主观概念还是客观概念，目前学说上主要有主观过错说、客观过错说和综合过错说三种观点。大多数学者认为，过错本身是一种人的心理状态，而上述关于过错本质的学说实际上是在讨论判定过错的标准是应该遵循主观标准还是客观标准。检验过错标准的客观化是民法理论发展的必然。过错体现在行为之中，从行为中检验、判断行为人是否有过错是正确的观点。承销商过错的判定也应遵循这种客观原则。

过错主要分为两种基本形态，即故意和过失。其中，故意包括直接故意和间接故意；过失是行为人对应负注意义务的违反，是一种不注意的心理状态，包括疏忽和懈怠。过失中的注意义务又可以分为普通人的注意义务、应与处理自己事务为同一注意和善良管理人的注意三个层次。上述三种注意义务，从程度上分为三个层次，普通人注意义务为最低，应与处理自己事务为同一注意义务为中，善良管理人的注意义务为最高。与之相适应，违反这三种义务，即构成三种过失，分别是重大过失、具体过失和抽象过失。需要注意的是，后两种过失不是一般过失或者轻微过失，而是轻于重大过失的过失，其程度重于一般过失以及轻微过失，是应当承担责任的过失。此外，过错程度的轻重还对数人侵权时侵权责任的分担起到主要作用[1]。

根据《最高人民法院关于审理证券市场虚假陈述侵权民事赔偿案件的若干规定》第十三条，"证券法第八十五条、第一百六十三条所称的过错，包括以下两种情形：（一）行为人故意制作、出具存在虚假陈述的信息披露文件，或者明知信息披露文件存在虚假陈述而不予指明、予以发布；（二）行为人严重违反注意义务，对信息披露文件中虚假陈述的形成或者发布存在过失。"由此，承销商承担虚假陈述民事责任的过错类型为故意和重大过失。故意具体是指被告明知造假却希望或者放任造假结果的发生；重大过失具体是指一般人都能发现的造假，而有专业能力的人却没有发现或者轻信不会造成后果。

二、承销商过错的认定标准

我国法院系统通过司法解释的形式细化了承销商错过的认定标准。《最高人民法院关于审理证券市场虚假陈述侵权民事赔偿案件的若干规定》第十七条规定，"保荐机构、承销机构等机构及其直接责任人员提交的尽职调查工作底稿、尽职调查报告、内部审核意见等证据能够证明下列情形的，人民法院应当认定其没有过错：（一）已经按照法律、行政法规、监管部门制定的规章和规范性文件、相关行业执业规范的要求，对信息披露文件中的相关内容进行了审慎尽职调查；（二）对信息披露文件中没有证券服务机构专业意见支持的重要内容，经过审慎尽职调查和独立判断，有合理理由相信该部分内容与真实情况相符；（三）对信息披露文件中证券服务机构出具专业

---

① 参见杨立新.侵权责任法 [M].北京：法律出版社，2021：75-81.

意见的重要内容，经过审慎核查和必要的调查、复核，有合理理由排除了职业怀疑并形成合理信赖。"以上内容是过错检验标准的客观化的具体体现。

《全国法院审理债券纠纷案件座谈会纪要》第29条进一步规定，债券承销机构存在下列行为之一，导致信息披露文件中的关于发行人偿付能力相关的重要内容存在虚假记载、误导性陈述或者重大遗漏，足以影响投资人对发行人偿债能力判断的，人民法院应当认定其存在过错。

（一）协助发行人制作虚假、误导性信息，或者明知发行人存在上述行为而故意隐瞒的

这一规定旨在严格约束债券承销机构的行为，确保其在信息披露过程中履行应有的职责，保护投资者的合法权益。法院在认定承销机构过错时，需全面考察其在信息披露过程中是否履行了应尽的审查义务，是否对发行人的偿付能力进行了真实、准确的评估，是否及时发现和纠正信息披露中的虚假、误导性陈述或重大遗漏。如果承销机构在这些环节中存在故意隐瞒事实甚至协助发行人造假的，法院应认定其存在故意欺诈，从而对投资者的损失承担赔偿责任。这种法律追责机制，能够有效震慑潜在的违规行为，增强投资者的信心，促进市场的健康运行。

（二）未按照合理性、必要性和重要性原则开展尽职调查，随意改变尽职调查工作计划或者不适当地省略工作计划中规定的步骤

这一规定表明承销机构在尽职调查前应制定科学的尽职调查计划并严格执行，在此过程中如无合理理由随意改变尽职调查工作计划，或不适当地省略关键步骤的，容易遗漏发行人存在的重大问题，进而导致信息披露的不完整或失真，使投资者在做出投资决策时受到误导并遭受损失，进而破坏了市场的公平性和透明性，降低了投资者对市场的信任。在尽职调查中，合理性、必要性和重要性原则需要体现在各个环节的操作细节中。其中，合理性要求承销机构在制定和执行尽职调查工作计划时，必须基于科学的方法和专业的思维，确保尽职调查的每一步骤都有其必要的依据和目的。必要性要求尽职调查的每一个步骤都必须有助于全面了解发行人的真实情况，确保所有可能影响投资者决策的重要信息都得到充分调查和披露，而与投资者投资决策无关的信息则可免于关注，以提高工作效率和信息披露的针对性。重要性要求承销机构重点关注那些对发行人偿付能力和市场表现有重大影响的信息，确保这些信息的真实性、准确性和完整性。在实际操作中，如果承销商在财务审查时未能按照既定计划深入核实发行人的财务报表、审计报告及与发行人财务相关的其他重要信息，或者在市场调研中未能全面分析发行人的市场竞争力和经营风险，则容易导致披露的信息令投资者无法全面了解发行人的真实状况，从而做出错误的投资判断，这种行为也会同时损害承销商的市场声誉，降低其在行业中的可信度和竞争力，从而影响市场的整体信誉度和稳定性。这一规定要求承销商必须严格按照合理性、必要性和重要性原则开展尽职调查，确保每一步操作都严谨、规范，真正为投资者提供可靠的信息支持，挖掘具有投资价值的企业，维护市场的公正和透明。

（三）故意隐瞒所知悉的有关发行人经营活动、财务状况、偿债能力和意愿等重大信息

承销商作为专业中介机构，在尽职调查和信息披露过程中，负有披露所有重大信息的法律义务和道德责任。故意隐瞒所知悉的有关发行人经营活动、财务状况、偿债能力和意愿等重大信息的行为是对承销商职业操守和法律责任的严重背弃，会误导投资者，使其在缺乏关键信息的情况下作出投资决策，导致严重的经济损失，甚至引发市场信任危机。发行人的经营活动直

接反映其业务运营和市场竞争力，一旦承销商故意隐瞒发行人经营活动中的负面信息，会导致投资者无法全面了解发行人的实际情况，从而做出错误的投资决策。如发行人正面临严重的经营困境或转型失败的风险时，承销商一旦未进行完全的信息披露，将会致使投资者误以为公司前景良好，进而继续投入资金，未来公司业绩下滑、股价下跌时，将导致投资者的经济损失，并对市场的稳定性和透明度造成负面影响。财务状况是反映公司运营状况和盈利能力的重要信息，会直接影响投资者的决策。一旦承销商故意隐瞒发行人财务报表中存在的过度负债、现金流紧张、持续亏损等问题，容易导致投资者做出错误的投资判断，并在未来造成巨大的经济损失。偿债能力反映了公司履行债务义务的能力，对债券投资者而言，偿债能力是最重要的投资指标之一。一旦承销商故意隐瞒发行人的偿债能力信息，如即将到期的大额债务、流动资金不足、借款违约等，会使投资者误认为企业的偿债能力良好，进而继续购买债券，未来一旦发生违约，将导致投资者面临巨大的经济损失。偿债意愿指的是发行人主动履行债务的态度和决心，具备偿债能力并不代表一定具备偿债意愿，没有偿债意愿的发行人会放任其债券违约的状态。一旦承销商故意隐瞒发行人管理层对偿债问题的消极态度或内部存在的严重治理问题，致使投资者无法评估发行人的信用风险和投资风险，将导致投资者未来遭受严重的经济损失，进而影响整个金融市场的稳定和健康发展。上述隐瞒重大信息的行为在给投资者带来损失的同时，也极大损害了承销商自身的声誉和市场地位，承销商也将面临着法律制裁和经济赔偿，并因此失去客户和投资者的信任。这种行为还会进一步引发连锁反应，使整个金融市场的信任度受到质疑，影响资本市场的稳定和发展。总之，故意隐瞒有关发行人经营活动、财务状况、偿债能力和意愿等重大信息，是一种严重的违规行为，既违背了承销商的职业道德，也违反了法律规定。承销商必须通过建立健全内部控制和合规管理体系、严格的信息披露流程和问责机制，确保所有信息披露的真实性、准确性和完整性，避免任何形式的隐瞒和欺诈行为。

（四）对信息披露文件中相关债券服务机构出具专业意见的重要内容已经产生了合理怀疑，但未进行审慎核查和必要的调查、复核工作

这种失职行为表明承销机构在履行其法定职责时缺乏应有的严谨态度和责任感。作为承销商，在尽职调查过程中，有义务对所有涉及债券发行的文件和数据进行详细审核，当对某些专业意见产生合理怀疑时，必须立即采取措施进行进一步的调查和验证。在资本市场中，投资者依赖承销商的专业性和诚信来获取准确信息，进行投资判断，一旦承销商在存疑的情况下仍然草率行事，未能履行应有的审慎义务，会使投资者失去对承销商的信任，损害承销商的声誉。这种行为一旦被发现，承销商将面临法律追责和赔偿责任，影响其在资本市场中的长期发展和生存。基于此规定，承销商可以组建内部和外部专家团队，内部专家团队可以涵盖法律、财务、业务等多个领域的专业人士，负责对文件中的每一个细节进行逐一审核，确保没有遗漏和误导；外部专家团队能够从独立的第三方视角进一步验证内部审核的结果，确保核查工作的全面性和公正性。总之，承销商需要通过建立严格的核查和复核机制，全面审查和验证所有第三方专业机构出具的信息并排除合理怀疑，确保信息披露的真实性、准确性和完整性。

（五）其他严重违反规范性文件、执业规范和自律监管规则中关于尽职调查要求的行为

规范性文件和职业规范为尽职调查过程提供了明确的指导和标准，如果承销机构忽视或故意违反这些要求，未按规定全面审查发行人的财务状况、业务运营、市场环境等重要信息，导致披露的信息存在虚假陈述，且投资者

依此作出错误的投资决策，其应当对此承担责任。在资本市场中，承销商的声誉是建立在其严格遵守执业规范和自律监管规则的基础上的，任何违反这些规范的行为，都意味着承销商未能履行勤勉尽责义务，从而使投资者对其失去信任，在市场竞争中处于不利地位。如承销商存在上述行为且被监管机构核查属实，其可能会面临罚款、业务限制、暂停或吊销执业资格等行政处罚或监管措施，影响承销商业务的持续开展。这就要求承销商必须严格遵守法律法规和监管规范性文件的规定，确保尽职调查过程的全面性和严谨性，真正履行其法律义务，维护资本市场的公正性和透明度，促进资本市场的健康和可持续发展。

第三节　存在交易因果关系

一、市场欺诈理论与交易因果关系

承销商损害赔偿责任的构成还需要虚假陈述行为与损害事实之间存在因果关系。由于证券交易的"非对话性"，投资者基于何种原因做出投资行为就较难准确界定，导致"因果关系"这一要件在认定上较为复杂，如果将证明责任分配给作为原告的投资者，可能导致大量损失无法获赔的结果，最终无利于对投资者的保护。对此，美国法院在实践中采纳了"市场欺诈理论"来解决这一问题。上述理论的主要观点为，假设在有效市场中开展证券交易的投资者有权信赖自由市场力量确定的证券市场价格，而自由市场力量不受欺诈或虚假陈述的影响。原告投资者只要能证明虚假陈述行为和自己损失的存在，法院即可推定二者之间存在因果关系，但被告人有权举反证推翻。如果被告能够证明：①其已经更正了虚假陈述信息且投资者在其更正后购买股票；②公司经营状况严重恶化的情形，全市场已经有目共睹，成为证券市场的某种共识，则虚假陈述事实与投资者的损失之间不存在因果关系①。该理论免于原告投资者对因果关系的举证义务，将举证责任转移到被告，为投资者权益的保护提供了有利的理论支持，值得肯定。

二、交易因果关系的认定标准

最高人民法院采纳了上述理论，并在2022年《最高人民法院关于审理证券市场虚假陈述侵权民事赔偿案件的若干规定》中进行了规定，即可以通过考察各方行为是否满足法律预先规定的条件，来"推定"虚假陈述的行为与投资者损失间存在"因果关系"，进而确定损害赔偿责任。《最高人民法院关于审理证券市场虚假陈述侵权民事赔偿案件的若干规定》第十一条规定，"原告能够证明下列情形的，人民法院应当认定原告的投资决定与虚假陈述之间的交易因果关系成立：（一）信息披露义务人实施了虚假陈述；（二）原告交易的是与虚假陈述直接关联的证券；（三）原告在虚假陈述实施日之后、揭露日或更正日之前实施了相应的交易行为，即在诱多型虚假陈述中买入了相关证券，或者在诱空型虚假陈述中卖出了相关证券。"上述司法解释第十二条进一步规定，"被告能够证明下列情形之一的，人民法院应当认定交易因果关系不成立：（一）原告的交易行为发生在虚假陈述实施前，或者是在揭露或更正之后；（二）原告在交易时知道或者应当知道存在虚假陈述，或者虚假陈述已经被证券市场广泛知悉；（三）原告的交易行为是受到虚假陈述实施后发生的上市公司的收购、重大资产重组等其他重大事件的影

---

① 刘俊海.论证券市场法律责任的立法和司法协调 [J].现代法学，2003（1）：3-13.

响；（四）原告的交易行为构成内幕交易、操纵证券市场等证券违法行为的；（五）原告的交易行为与虚假陈述不具有交易因果关系的其他情形。"这种推定出于法政策的考量，便于保护投资者，也有利于裁判者的认定、提高司法效率。

举一则案例予以说明。2016年8月4日，大连机床集团有限责任公司（以下简称大连机床）利用其应收账款作为全额质押，在银行间债券市场成功发行了总额为5亿元的超短期融资券，命名为"16大机床SCP002"。蓝石资管公司通过其管理的资管产品在债券发行当月购入了部分债券，然而，不久后大连机床爆发的财务危机影响了债券价格的稳定性，致使蓝石资管遭受重大损失。2016年大连机床的信用评级被下调至C级，代表其已不能偿还债券。但蓝石资管又以其管理的私募基金，通过二级市场交易，在接下来的两个月内以五折的价格陆续买入全部案涉债券。在两个后，大连机床发布公告承认案涉债券应收账款增信措施为虚假。在这一过程中，尽管有部分债务得以清偿，但在扣除在破产重整程序中可获得的清偿金额后，蓝石资管的实际损失还是超过了5亿余元。因债券发行涉嫌虚假陈述，蓝石资管将大连机床违约债券的主承销商兴业银行及其他中介服务机构利安达会计师事务所（特殊普通合伙）大连分所、联合资信评估股份有限公司（以下简称联合资信）、辽宁知本律师事务所告上法庭。蓝石资管请求各被告对原告的投资损失承担连带赔偿责任。经过审理，北京金融法院做出了以下判决①。第一，兴业银行作为承销银行，在审查大连机床提供的企业财务信息时未能充分履行尽职调查和独立判断的义务，对案涉的四笔高额质押应收账款的真实性和有效性缺

---

① 首例银行间债市虚假陈述案：蓝石资管诉中介机构案一审宣判 [EB/OL].（2023-01-03）.https://baijiahao.baidu.com/s?id=1753991171469579131&wfr=pc.

乏必要的审查，被认定为虚假陈述，需要承担责任。第二，利安达会计师事务所大连分所在审计过程中未能保持必要的职业怀疑态度，未进行恰当的职业判断，存在明显的勤勉尽责不足，在确认和报告财务信息的真实性方面未达到专业标准，被认定为虚假陈述。第三，辽宁知本律师事务所在出具法律意见书过程中，未依照行业标准对应收账款的真实性进行核查，未能准确评估案涉债券的增信措施是否合法有效，被认定为虚假陈述。第四，联合资信在进行信用评级时并未违反信息披露义务，被认定为不存在虚假陈述。

对于一审判决结果，北京金融法院认为，蓝石资管认购"16大机床SCP002"时，虽已明知大连机床出现财务困难并存在无法对付的风险，但大连机床在财务信息、担保增信措施等方面的虚假陈述行为并未被揭露，蓝石资管的认购行为与案涉诸虚假陈述行为具有因果关系。在此案件中，尽管蓝石资管的投资决策受到了虚假信息披露的影响，但其作为专业的机构投资者，应具备较高的警觉性和独立判断能力，在风险指示明确指出存在无法兑付的风险后仍继续购买债券的行为表明，其自身的风险判断和管理存在疏漏。因此，其应对投资风险承担一定程度的责任，应适当减轻其他涉案侵权方的赔偿责任。北京金融法院最终判定，兴业银行应在大连机床赔偿责任的10%范围内承担连带赔偿责任，利安达会计师事务所需在4%范围内承担赔偿，而辽宁知本律师事务所则在6%范围内承担赔偿责任。

综上，这一案件强调了在债券市场上"卖者尽责"与"买者自负"的原则，提醒所有市场参与者需共同维护市场的公正与透明。债券承销机构和服务机构应严格履行核查责任，保证所提供信息的真实性和完整性，以保护投资者的权益；专业投资者需要加强内部风险管理和审慎判断能力，确保其投资决策的合理性和独立性。

第四节　存在损失及损失因果关系

一、存在损失

投资人在证券交易中遭受损失是承销商责任构成的另一重要构成要件。承销商民事责任的性质为侵权损害赔偿民事责任，其成立以损害事实的客观存在为前提，承销商的赔偿责任只有在造成了实际损害的条件下才能发生。在只有虚假陈述行为，无损害后果的情况下，承销商的侵权责任无从产生。举一例子予以说明：投资者以每股五元的价格购进某只股票，后因为发行人存在虚假陈述行为，该股票价格增长为每股十元；随后虚假陈述行为被揭露，导致股价回落到每股六元，仍高于投资者的购入价格。此时，虽然存在虚假陈述的不法行为，但是由于不存在投资人遭受损失的事实，因此投资人无权向法院请求被告承担虚假陈述民事责任。投资人所受到损害的客观存在，是承销商侵权责任发生的前提和依据。这种法律原则确保了赔偿制度的公正性和效率性，避免了基于假设或潜在后果的无根据赔偿。

根据侵权法原理，侵权行为造成的损害事实可以分为人身损害事实、侵害人身权益造成的财产损失、精神损害事实和财产损害事实等类型，承销商侵权给投资人造成的损失为财产损害事实，或称"财产损失"。财产损失又包括直接损失和间接损失。直接损失是指被侵权人现有财产的减少；间接损失是指可得利益的减少。《最高人民法院关于审理证券市场虚假陈述侵权民事赔偿案件的若干规定》第二十五条规定，"信息披露义务人在证券交易市场承担民事赔偿责任的范围，以原告因虚假陈述而实际发生的损失为限。原告实际损失包括投资差额损失、投资差额损失部分的佣金和印花税。"由此可见，在虚假陈述侵权责任中损失的认定以直接损失为限。基于实际损害的赔偿责任认定机制，确保了法律救济的公正性和有效性，避免了因无端索赔给被告带来的不公平负担。这促使各方在进行市场活动和交易时能够积极采取必要的谨慎和预防措施，以避免因过失或疏忽造成的损害。

关于承销商损害赔偿数额的计算方法将于本书第四章中详细论述。

二、存在损失因果关系

损失因果关系是指原告的损失是由被告的虚假陈述行为造成的。2022年《最高人民法院关于审理证券市场虚假陈述侵权民事赔偿案件的若干规定》第三十一条是关于损失因果关系的规定，"人民法院应当查明虚假陈述与原告损失之间的因果关系，以及导致原告损失的其他原因等案件基本事实，确定赔偿责任范围。被告能够举证证明原告的损失部分或者全部是由他人操纵市场、证券市场的风险、证券市场对特定事件的过度反应、上市公司内外部经营环境等其他因素所导致的，对其关于相应减轻或者免除责任的抗辩，人民法院应当予以支持。"由此规定，被告可以主张将不存在损失因果关系部分的赔偿金额予以剔除。

损失因果关系的功能主要在于可以限定被告的损害赔偿范围，将被告的赔偿范围限定在虚假陈述行为对交易价格具有影响程度的范围内。尤其是在存在多因一果的情况下，要求扣除市场风险等其他风险导致的损失，可以避免被告赔偿责任范围的泛化，确保裁判结果的公平性。关于其他因素导致的损失的扣除方法，法院可以予以自由裁量，也可以委托专业的机构或人员，运用计量经济学上的事件分析法，在认定损失因果关系时对该部分损失予以扣除。

第三章　承销商损害赔偿责任的免责事由

第一节　承销商免责事由概述

一、免责事由的概念及构成要件

免责事由，是指被告针对原告的诉讼请求而提出的证明原告的诉讼请求不成立或不完全成立的事实。在侵权责任法中，免责事由是针对承担民事责任的请求而提出来的，所以又称为免责或减轻责任的事由，也叫作抗辩事由。免责事由的有效成立须具备两个构成条件。

（一）对抗性要件

对抗性要件，是指能够对抗侵权责任构成的具体要件，破坏整个侵权责任构成的内在结构，使原告诉请的侵权责任归于不能成立的事实要件。免责事由虽然是对抗对方当事人的诉讼请求的事由，但它具体对抗的是侵权责任构成，破坏对方当事人请求权的成立，导致对方的诉讼请求在法律上不成立。这就是侵权免责事由的对抗性要求。侵权纠纷的被告提出的主张如果不具有对抗性，也就是仅仅能证明自己具有可谅解性，但不足以对抗对方当事人请求的，不能成为免责事由。承销商的勤勉尽责抗辩和因果关系抗辩体现了侵权免责事由对抗性要件的要求。

（二）客观性要件

免责事由必须是客观事实，具有客观性的属性。它要求免责事由必须是客观存在的、已经发生的事实，不能是主观断或尚未发生的情况。仅仅表明某种损害未发生，或单纯否认对方请求权不存在，不能成为免责事由[①]。

我国侵权责任法经常采用的免责事由主要是职务授权行为、正当防卫、紧急避险受害人同意、自助行为、受害人过错、第三人过错、不可抗力和意外事件等[②]。承销商损害赔偿责任免责事由除适用民法上一般的免责事由外，还具有一定特殊性，逐步发展出勤勉尽责抗辩、因果关系抗辩等免责事由。

二、设置承销商免责事由的意义

承销商参与交易活动的金融市场具有多变性的特点，国际政治冲突、突发经济危机、技术革新以及政策调整等不可控因素往往会给证券市场带来巨大的波动。战争、政治危机、贸易争端等国际政治冲突可以迅速改变投资者的投资策略和市场动态，如地缘政治紧张情况升级可能导致油价波动，影响能源股和相关行业的证券；政治不稳定容易引起货币贬值，影响跨国公司的盈利预测和股价。金融危机、货币危机等全球或区域性的经济危机则会导致投资者信心下降、市场流动性紧缩以及广泛的资产价格下跌。技术革新可以改变行业格局，创造新的市场机会或使现有的投资显得过时，如互联网、人工智能和可再生能源技术的快速发展重塑了多个行业的竞争环境。政策变化

---

① 杨立新. 侵权责任法 [M]. 北京：法律出版社，2021：166-167.
② 杨立新. 侵权责任法 [M]. 北京：法律出版社，2021：167.

方面，利率的调整、税收政策的改变或者监管环境的变动等政府的政策调整会影响公司的盈利能力和投资者的收益预期。在资本市场中，虽然承销商对市场的整体波动不承担责任，但仍需要在能力范围内尽最大努力预见并告知投资者可能的风险。这要求承销商需要在尽职调查中展现出极高的专业性和细致度，基于历史数据和现有市场情况，对潜在的经济、政治或社会变动进行前瞻性评估，综合评估政策变更、经济数据发布或其他关键事件对市场造成的影响，以及这些变动如何影响所承销证券的价值和稳定性，并将此信息及时披露给投资者。在市场发生重大变化或新信息出现时，承销商应基于静态的数据和动态的市场监控以及实时的风险评估，及时更新招股说明书和其他相关投资文件，明确指出新的风险因素和可能的市场动向，帮助投资者做出更为明智的投资决策，从而保护他们的投资免受未预见风险的影响。多变的金融市场给承销商的履职带来了巨大的挑战。

在承销证券的过程中，尽管承销商会基于当前的市场数据和经济情况进行详尽的分析并执行充分的调查，但市场环境的迅速变化往往会超出任何单个市场参与者的预测。金融市场的波动性和不可预见性可能导致投资者遭受投资损失，即便承销商已经尽最大努力去应对，这种市场风险往往还是会超出承销商的控制范围。考虑到金融市场具有的上述多变的特点，法律为承销商的履职设置了多项免责事由，旨在合理范围内保护承销商免受不可预见或不合理的责任追究。具体而言，为承销商设置免责事由有如下意义。

（一）减轻承销商过重负担

侵权责任免责事由的设置为承销商提供了一定的法律保护，减轻了因不可控因素而产生的过重责任负担。第一，侵权责任免责事由允许承销商在符合法定条件的情况下，免除因合法行为可能引起的法律后果。在实践中，承销商已对公司的技术创新、市场前景、财务状况和潜在风险进行了深入的调查并进行了充分的披露，但仍无法避免其后发生的市场突发变动对投资者造成的损失，当承销商依据法院要求，提供充分的证据证明其已按照业界标准进行了尽职调查且相关损失是市场变动风险所致时，则可以免于承担原告提出的不当索赔责任，这减轻了承销商因外部不可控因素所面临的赔偿风险。第二，侵权责任免责事由使得承销商明确了法律的具体要求，承销商可以据此去合理安排自己的商事活动，主动趋利避害，避免招致无端的诉讼或赔偿，鼓励承销商更积极地参与市场活动。基于侵权责任免责事由的规定，承销商在承销过程中为实现免责目标，将更加积极地履行尽职调查义务和信息披露义务，确保所有发行材料和投资文件都符合信息披露的法定要求，这也有助于建立投资者的信心，促进资本市场健康发展。第三，免责事由使承销商敢于将更多的资源和注意力投入到研发和推广具有高成长潜力的新型金融产品或服务上。新产品的研发和服务往往都具有高风险的特征，明确了承销商的免责事由，使其知晓如何行为才能合法合规并免于担责，有助于促使其更加积极地参与到具有高风险特征的新产品研发活动中去。随着全球金融市场一体化进程的加剧，金融产品和服务的创新速度也逐步加快。在此背景下，承销商通过合理利用免责事由减轻自己的责任，可以促使其更敢于尝试和实施新的业务策略，探索未被充分开发的市场领域、捕捉市场先机，从而不断推动金融行业的产品创新和国际化程度，为国家经济的发展持续贡献力量。

（二）维护市场的公正性和效率

在金融市场中，承销商的侵权责任免责事由通过确保市场参与者不因执行其正当职能而无端承担责任，从而维护了市场的公正性和效率。侵权责任免除事由为承销商等中介机构提供了在合理范围内开展业务的保护，使其能够在不担心无法控制的外部因素导致的潜在责任的情况下，可以更公正、更积极地评估和传达信息。这种机制鼓励承销商基于专业判断而不是潜在的法律威胁来做出决策，从而提高市场信息的整体质量和透明度。在高度复杂和快速变化的金融市场中，侵权责任免责事由促进了市场整体的效率性和公正性。承销商明确了将法律如何应用于不同的商业行为中，明确了如何行为将会受到法律的保护，从而有助于一个遵纪守法、公平竞争的市场环境的形成。在交易成本方面，明确的免责事由减少了企业在合规、诉讼防御和风险管理上的开销，使其能够将更多资源投入到资本投资、市场扩张和技术创新等核心业务中，促进承销商业务的持续发展和市场功能的发挥。侵权责任免责事由保护了承销商的利益，避免了投资者的滥诉行为，促进了承销商开展业务的积极性，有利于承销商市场功能的发挥，有助于公正高效市场环境的建立，具有重要意义。

三、承销商免责事由认定应遵循的原则

（一）公平原则与比例原则

在法律实践中，公平原则与比例原则是基础性的指导原则，它们确保法律的应用既公正又合理。其中，公平原则指导法官全面考虑案件的所有维度，从行为人的意图、行为的紧急程度到行为可能导致的后果等各个方面均应予以充分考虑，从而确保即使行为导致了一定的财产损害或其他后果，只要行为在当时的情境下是合理必要的，行为人也可以得到免责。同时，公平原则要求法官在判断行为的合理性时，充分考虑是否存在其他可行的替代行

为选项，行为人选择的行动在当时的情况下是否是对损害最小化的选择，从而确保裁判结果对所有受影响的个体都是公平的。公平原则保护了行为人在紧急情况下的合法权益，考虑到了受害者的损失和权益。在紧急行为的合理性和所造成损害的补救之间找到平衡点是公平原则的主要目标。比例原则能够防止对小过失给予重惩罚的"罚责失当"的情况发生，其目的在于确保判决结果与行为人的行为及其后果之间保持恰当的平衡，这有利于维护法律的公正和尊严。在具体实践中，比例原则要求法院充分考虑承销商的过失程度和实际控制能力，如果承销商已经遵循了所有合理的行业标准，且未有明显的疏忽或过失，那么法院可能会认为对其进行严厉惩罚是不合比例的，应当对其责任进行适当限制。在确定赔偿金额时，法院应综合考虑损害的性质、范围和持续的时间等因素，以确保赔偿不会无端地超过损害的实际影响。在实践中，法院基于比例原则，只支持对实际损失进行补偿的请求，从而确保判决既不会对承销商造成不公，也不会不利于对投资者的保护，从而能够更加精确地反映客观事实情况，加强法律的教育和威慑效果，促进市场主体行为的不断规范。

（二）符合法定免责事由的构成要件

法院在认定承销商的免责事由是否成立时，应确保行为人的行为确实符合法律规定的相应免责事由的构成要件。法律对于免责事由通常会设定明确的成立标准和构成要件，承销商的免责事由必须符合法律的规定。在判断免责事由是否符合法律规定的要件时，法院需要根据当事人提供的证据对行为人的行为进行细致的评估；需要详细审查行为人在特定情境下的行为是否具备法律规定的相应要素。如在检查行为人执行紧急避险行为时，需要关注行为人是否有其他可选的方式来避免危害，或者行为是否真正是为了保护合法权益而采取，进而确定其是否满足法律规定的构成要件。法院应确保法律规定的免责事由不被滥用，确保只有在真正符合法定条件的情况下，行为人才能被免除责任，从而维护法律规定的严肃性和权威性。

第二节　勤勉尽责抗辩

一、承销商的勤勉尽责义务

勤勉尽责是承销商在股票和债券发行过程中应尽的义务。我国《证券法》第二十九条规定，"证券公司承销证券，应当对公开发行募集文件的真实性、准确性、完整性进行核查。发现有虚假记载、误导性陈述或者重大遗漏的，不得进行销售活动；已经销售的，必须立即停止销售活动，并采取纠正措施。"《证券法》第十条规定，"保荐人应当遵守业务规则和行业规范，诚实守信，勤勉尽责，对发行人的申请文件和信息披露资料进行审慎核查，督导发行人规范运作。"《证券发行上市保荐业务管理办法》第七条规定，"证券发行的主承销商可以由该保荐机构担任，也可以由其他具有保荐业务资格的证券公司与该保荐机构共同担任。"实践中，股票发行的主承销商往往由保荐人所在机构担任，此时，股票发行的主承销商同样应当履行保荐人的"诚实守信，勤勉尽责"义务。《公司债券发行与交易管理办法》第六条规定，"为公司债券发行提供服务的承销机构、受托管理人，以及资信评级机构、会计师事务所、资产评估机构、律师事务所等专业机构和人员应当勤勉尽责，严格遵守执业规范和监管规则，按规定和约定履行义务。"据此，公司债主承销商也应当承担"勤勉尽责"义务。综上，无论是股票发行的承销商，还是公司债发行的承销商，法律法规均规定了其应当履行勤勉尽责义务。

（一）公司债承销中的勤勉尽责义务

中国证券业协会《公司债券承销业务规则》第十条规定，"主承销商应当构建以发行人质量为导向的尽职调查体系，并依据相关规定开展尽职调查工作。""依据相关规定开展尽职调查工作"即是履行勤勉尽责义务的具体体现。在具体操作中，承销商需要组建专业的尽职调查团队，其成员应涵盖财务分析师、法律顾问、市场研究员等多个领域的专家，他们将从不同的角度对发行人的财务报表、法律合规性、市场竞争力、管理团队、公司治理和业务模式等方面进行详细的调查和分析，从而能够全面、客观地评估发行人的综合实力和投资价值，为投资人提供真实可靠的信息。随着市场环境的不断变化，承销商还应特别关注发行人的发展战略、技术创新、市场拓展计划以及可能面临的市场和行业变化，并能够进一步识别发行人的核心竞争力和潜在风险，从而制定出具有针对性的承销策略，确保证券发行的成功和投资者的利益。承销商的尽职调查工作应严格遵守相关法律法规和监管要求，确保调查过程的合法合规性。承销商要能及时发现发行人存在的潜在问题和风险，并及时进行纠正或在披露文件中做出充分的风险提示。承销商在尽职调查过程中要确保尽职调查体系的有效运行和持续改进，以便可以持续发现问题并解决问题。中国证券业协会《公司债券承销业务规则》还规定了承销商尽职调查应该遵循的原则，即合理性、必要性和重要性原则。承销商在履行尽职调查职责时，应遵循上述原则对公司债券发行文件的真实性、准确性和完整性进行审慎核查。在实际操作中，承销商需要对发行人的资产负债表、损益表和现金流量表等财务报表进行仔细核查，确保其数据的准确性和完整性，应对会计账簿和原始凭证进行核对，确认财务数据的真实性；承销商应对发行文件中的业务描述、市场前景和管理团队信息进行核实，以确保相关信息的真实性和准确性。承销商应以投资者利益为己任，充分帮助投资者真实、准确、完整、及时地了解发行人的最新情况，从而有助于其做出明智的投资决策。这要求承销商在尽职调查过程中，应始终保持独立性和客观性，避免受到发行人或其他利益相关方的干扰或影响。

中国证券业协会《公司债券承销业务规则》第三十条还规定，"主承销商在公司债券发行期间应当督促发行人按照相关规定及时、公平地履行信息披露义务。"督促发行人履行信息披露义务也是承销商勤勉尽责义务的具体体现。在债券发行过程中，信息披露的及时性和准确性直接关系到投资者的决策质量和市场的公平性。因此，在发行准备阶段，发行人需要披露公司财务状况、经营业绩、风险因素等核心信息，以便投资者进行全面评估；在发行过程中出现管理层变动、重大诉讼或市场环境变化时立即向市场发布公告，确保所有投资者都能获得最新、最完整的信息。为此，主承销商应建立健全内部信息披露监管机制，制定详细的披露流程和时间表，通过定期检查和不定期抽查以确保发行人按时完成信息披露任务，并对披露内容进行审核和验证以确保其真实、准确、完整。另外，主承销商还应监控市场反应，及时发现和纠正可能的不公平信息披露行为。在重大信息发布前，主承销商应确保信息保密，防止信息提前泄露；在信息发布后，主承销商应跟踪市场动态，评估信息披露的效果和市场反馈，及时处理投资者的疑问和关切，从而提高信息披露的质量和水平，增强市场参与者对披露信息的理解和使用能力。

（二）股票承销中的勤勉尽责义务

与公司债承销业务相对应，中国证券业协会在《证券业务示范实践第3号——保荐人尽职调查》中对股票承销业务中保荐人的勤勉尽责义务进行了规定："保荐人从事保荐业务应当具备良好的职业道德和专业胜任能力，诚实守信，秉持勤勉尽责的工作态度，恪守独立、客观、公正、审慎的原则，按照法律法规、监管规定、自律规则的要求，做好合理、必要的尽职调查，以充分了解发行人及其面临的风险和问题，并以此为基础支撑其得出发行人符合《证券法》等法律法规及各项发行和上市条件，以及确信发行人申请文件和公开发行募集文件真实、准确、完整的结论。保荐人尽职调查过程中，需要发行人、实际控制人、主要股东、发行人的董事、监事和高级管理人员、证券服务机构、主要客户、供应商等机构和人员的配合，如因隐私、保密或其他规定未能全面配合保荐人尽职调查的，保荐人应当采取恰当的替代尽职调查程序，并评估前述未能获取资料的受限程度整体上对尽职调查真实性的影响程度。保荐人还应当持续督导发行人规范运作，尽职调查过程中，如发现发行人的公司治理、内部控制等方面有重大缺陷的，应当提供专业的意见和建议，协助其规范和整改。"在实践中，承销商应严格按照上述规则的要求履行尽职调查职责，忠实勤勉地履行尽职调查职责是承销商勤勉尽责的具体体现。

二、勤勉尽责抗辩的免责标准

（一）勤勉尽责抗辩与过错形态

"勤勉尽责"既是承销商的义务，也是承销商的一项免责事由。在美国证券法中，承销商可以通过证明自己勤勉尽责而免于承担虚假陈述损害赔偿责任。我国法律也做了类似的规定。我国《证券法》第八十五条规定，"信息披露义务人未按照规定披露信息，或者公告的证券发行文件、定期报告、临时报告及其他信息披露资料存在虚假记载、误导性陈述或者重大遗漏，致使投资者在证券交易中遭受损失的，信息披露义务人应当承担赔偿责任；……保荐人、承销的证券公司及其直接责任人员，应当与发行人承担连带赔偿责任，但是能够证明自己没有过错的除外。"结合上述法律规定，我国承销商民事责任采取过错推定责任原则，承销商可以通过证明自己没有"过错"而免责。学者们将上述"承销商能够证明自己没有过错的，可以免于承担赔偿责任"的抗辩，称为"勤勉尽责抗辩"，即承销商可以通过证明自己已经履行了"勤勉尽责"义务的方式证明其自身不存在侵权责任的"过错"构成要件，从而破坏整个侵权责任构成的内在结构，进而使原告诉请的侵权责任不能成立。

根据《关于审理证券市场虚假陈述侵权民事赔偿案件的若干规定》第十三条，"证券法第八十五条、第一百六十三条所称的过错，包括以下两种情形：（一）行为人故意制作、出具存在虚假陈述的信息披露文件，或者明知信息披露文件存在虚假陈述而不予指明、予以发布；（二）行为人严重违反注意义务，对信息披露文件中虚假陈述的形成或者发布存在过失。"由此，承销商可以通过证明自己不存在"故意"和"严重违反注意义务"的主观状态而免责。根据传统民法的定义，"故意"是指行为人可以预见自己行为的结果，仍然希望它发生或者听任它发生的主观心理状态；而上述"严重违反注意义务"所指的过失形态在民法理论中未见相关内容，上述司法解释也没有予以明示。笔者认为，上述"严重违反注意义务"所指的过失形态应包含抽象过失和具体过失两种情况，是指没有遵守善良管理人的注意以及违反与以处理自己事务为同一注意的义务。抽象过失和具体过失并不是一般过失或者轻微过失，而是轻于重大过失的过失，其程度重于一般过失以及轻微过失，是应当担责的过失。对一般过失和轻微过失的主观状态下形成的虚假陈述，承销商无需担责。"善良管理人的注意"与罗马法上的"善良家父之注意"、德国法上的"交易上必要之注意"相当，都是要根据交易上的一般观念，认为具有相当知识经验的人，以对于一定事务所用的注意作为标准，客观地加以认定。对行为人有无尽此注意的知识和经验，以及他向来对于事务所用的注意程度，均不过问，只有依其职业斟酌所用的注意程度，应比普通人的注意和处理自己事务为同一注意的要求更高。这种注意的标准是使用客观标准。与处理自己事务为同一注意，应以行为人平日处理自己事务所用的注意为标准。判断这种注意义务时，应以行为人在主观上是否尽到了注意的义务为标准，即主观标准。如果行为人证明自己在主观上已经尽到了注意义务，应认定其为无过失；反之，则应认定其有过失[①]。

将上述司法解释中规定的"严重违反注意义务"所指的过失形态认定为应包含"抽象过失"和"具体过失"两种情况，有助于解释现行监管规定中的相应内容，做到司法和执法的接轨。中国证监会、最高人民法院和证券交易场所的有关规范反复强调，证券服务机构及其从业人员应当对本专业相关的事项履行特别注意义务，对其他业务事项履行一般注意义务。然而，何为特别注意义务与一般注意义务，相关规范性文件并未有明确的解释[②]。结合对上述司法解释的分析，笔者认为"特别注意义务"是指"善良管理人的注意"，注意程度较高；而"一般注意义务"是指"与处理自己事务为同一注

① 杨立新. 侵权责任法 [M]. 北京：法律出版社，2021：77.
② 邢会强. 证券市场虚假陈述中的勤勉尽责标准与抗辩 [J]. 清华法学，2021（5）.

意"，注意程度相对较低，但是高于普通人的注意。因此，不管是违反"特别注意义务"还是"一般注意义务"，均属于"严重违反注意义务"。在证明免责事由时，承销商对于"本专业相关的业务"应证明其履行了"善良管理人的注意"；而对于"其他业务事项"应证明其履行了"与处理自己事务为同一注意"。

（二）勤勉尽责抗辩与合理信赖

我国司法和执法层面对中介机构是否对属于"本专业相关的事项"承担不同注意义务的做法，其实是采纳英美法上专家意见"合理信赖"理论的体现。根据该理论的最新发展，"合理信赖"并不代表"盲目信赖"，承销商不能仅仅通过消极地援引专家的报告就证明其已经履行了"一般注意义务"，而是还需要积极地进行相关的调查，在遇到"危险信号"时应该通过合理调查排除怀疑，直至相关怀疑消除。

《最高人民法院关于审理证券市场虚假陈述侵权民事赔偿案件的若干规定》第十七条规定："（三）对信息披露文件中证券服务机构出具专业意见的重要内容，经过审慎核查和必要的调查、复核，有合理理由排除了职业怀疑并形成合理信赖。"上述规定是"合理信赖"原则在我国司法体系中运用的具体体现。此外，证券业协会在《证券业务示范实践第3号——保荐人尽职调查》中也规定，"保荐人在履行以下审慎核查义务、进行必要调查和复核的基础上，可以合理信赖发行人申请文件、证券发行募集文件中由会计师事务所、律师事务所等证券服务机构出具专业意见的内容：

1.全面阅读证券服务机构出具的专业意见（如审计报告、律师工作报告等）；

2.评估证券服务机构及参与人员的专业资质、经验、胜任能力及独立性；评估其出具专业意见的前提及假设是否公平、合理、完整，是否符合证券服务机构所在行业的工作惯例；评估其核查范围是否与其所需出具的专业意见相符，有无限制；评估其为出具专业意见获取的核查资料是否充分、可靠；评估其已履行的核查程序及取得的关键性证据是否充分、恰当，能否有效支持其出具的专业意见等；

3.保持职业怀疑、运用职业判断进行分析，并采取必要的手段进行印证，如询问证券服务机构、查阅相关文件资料、进行必要的实地走访，采取必要的补充函证、抽盘等程序。如对证券服务机构及其签字人员出具的专业意见存有疑义的，保荐人应当要求其作出解释或者出具依据。如证券服务机构专业意见内容存在重大异常、前后重大矛盾，或者与保荐人获得的信息存在重大差异，保荐人应当进一步对有关事项进行调查、复核，并可聘请证券服务机构提供专业服务。保荐人经过审慎核查后，不能排除合理怀疑的，保荐人应当拒绝信赖证券服务机构的专业意见。保荐人有充分理由认为证券服务机构专业能力存在明显缺陷的，可以向发行人建议更换。保荐人明知证券服务机构专业意见存在重大异常、前后重大矛盾，或者与保荐人获得的信息存在重大差异，但没有采取上述措施，不能主张其属于合理信赖；

4.保荐人应当就其形成合理信赖的具体依据和全部工作过程制作详实的工作底稿等记录，在保荐工作报告中披露所有"重大异常""前后重大矛盾""重大差异"等特殊情形的确定方法、论证过程及结论，以证明其合理信赖证券服务机构专业意见具有充分、可靠的基础，不得简单复制证券服务机构的工作底稿等资料；

5.保荐人应当建立合理信赖证券服务机构的质量控制制度，充分考虑其执业风险，重点围绕前述四个方面，明确合理信赖的标准、依据、程序等内容，并严格执行复核程序，取得能支持其形成合理信赖的充分证据。

保荐人应基于专业经验，对发行人申请文件及信息披露资料进行审慎核查，并判断证券服务机构出具的意见及所载资料是否与保荐人所知的信息存在不一致或者存在不合理或者未予关注和核查的事项，再考虑是否进一步进行尽职调查，以形成自身独立意见。

对发行人申请文件、证券发行募集文件中没有证券服务机构及其签字人员专业意见支持的内容，保荐人应当获得充分的尽职调查证据，在对各种证据进行综合分析的基础上对发行人提供的资料和披露的内容进行独立判断，并有充分理由相信所作的判断与发行人申请文件、证券发行募集文件的内容不存在实质性差异。"

关于合理信赖与尽职调查、勤勉尽责的关系，笔者认为，合理信赖是尽职调查的一种方式和手段；合理的尽职调查是证明承销商勤勉尽责的客观依据；勤勉尽责是证明承销商不存在"过错"的依据，实践中承销商可以通过上述证明路径实现勤勉尽责的抗辩。

三、勤勉尽责抗辩适用的具体情形

由于勤勉尽责与否的标准具有较强的主观性及模糊性，在行政执法和审判实践中勤勉尽责与否常常成为难点问题，对此，《全国法院审理债券纠纷案件座谈会纪要》第30条进一步规定了债券承销商勤勉尽责抗辩的具体情形，即债券承销机构对发行人信息披露文件中关于发行人偿付能力的相关内容，能够提交尽职调查工作底稿、尽职调查报告等证据证明符合下列情形之一的，人民法院应当认定其没有过错：

①已经按照法律、行政法规和债券监管部门的规范性文件、执业规范和自律监管规则要求，通过查阅、访谈、列席会议、实地调查、印证和讨论等方法，对债券发行相关情况进行了合理尽职调查。

根据上述规定，承销商如希望证明其已履行了合理尽职调查义务，需要提交尽职调查工作底稿和尽职调查报告，并详细、准确地反映承销机构的尽职调查过程和结果，确保其调查工作是严格按照法律、行政法规以及监管部门的规范性文件和执业规范进行的。尽职调查工作底稿记录了承销机构在尽职调查过程中采取的所有步骤、收集的全部信息和进行的分析；尽职调查报告可以提供对发行人财务状况、经营能力、偿债能力等方面的评论。在实践中，承销商可以通过查阅相关文件和资料，进行高层访谈，列席发行人重要会议，进行实地考察，以及通过独立第三方印证和内部讨论等方式获取关于公司运营、财务状况、合法合规性和战略部署等方面的详细信息，了解公司重大事项决策过程和管理机制，从而能够对发行人的情况进行全面、深入的了解和评估，确保满足合理尽职调查的要求。另外，承销商可以通过委托独立的审计机构、法律顾问或其他专业服务机构，对发行人的财务状况、法律合规性和市场环境等方面进行独立审查和验证。这种第三方印证增加了尽职调查的客观性和可靠性、为承销机构提供了有力的证据，证明其已尽到合理的注意义务和专业标准。承销商在尽职调查中一旦发现问题或疑点，必须立即采取补救措施。例如，发现财务报表存在疑点，应立即要求发行人提供进一步的解释或修正，可以通过访谈审计机构或调取原始底稿对相关事项进行进一步的核实，并在必要时向监管机构报告。对于重大风险和不确定因素，承销机构应在信息披露文件中明确说明，并向投资者发出警示。总之，承销商通过提交详细的尽职调查工作底稿和报告，并证明其尽职调查过程符合法律和监管要求，即可以在法律上获得保护，避免或减轻因虚假陈述问题而被追究责任。

②对信息披露文件中没有债券服务机构专业意见支持的重要内容，经过尽职调查和独立判断，有合理的理由相信该部分信息披露内容与真实情况相符。

这一规定要求，承销商对于没有其他专业机构意见支持的重要内容应进行独立的尽职调查和判断，即应履行"特别的注意义务"。承销商相关尽职调查结论的得出，应基于合理的理由和充分的证据，这需要其内部的专业团队通过严格的尽职调查程序，收集和分析足够的数据和信息，以形成独立判断。在实践中，承销商可以通过与发行人进行多次深入访谈，了解其业务模式、市场地位和财务状况；通过审查发行人的内部财务报表、经营报告、管理记录、会计账簿等，验证其财务数据的真实性；通过实地考察其生产设施和运营现场，核实其运营状况和生产能力；还可以通过市场调查，了解行业动态和市场竞争状况，以确认发行人的市场前景和竞争力。为了有效实现免责目标，承销商需要确保尽职调查的具体步骤和方法、尽职调查的过程和结论以及所有发现的问题和所采取的应对措施都有详细的记录，并作为工作底稿留存。

③对信息披露文件中相关债券服务机构出具专业意见的重要内容，在履行了审慎核查和必要的调查、复核工作的基础上，排除了原先的合理怀疑。

上述规定体现了承销商的"合理信赖"原则，承销商对于有其他专业机构出具意见的内容可以履行"一般注意义务"，在经过必要的调查后进行合理信赖。承销商作为中介机构的组织者，需要对其他债券服务机构的专业意见进行仔细审查和独立验证。以审计报告为例，对于审计机构出具的审计报告，承销商需要全面审阅报告内容，并通过内部和外部的进一步调查以及专业的财务分析，验证报告中的每一项数据和结论，识别和排除潜在问题和风险，确保其与发行人的实际情况一致。承销商应组织内部专业团队对审计报告进行初步评估，并同时向发行人索取更多的财务记录和业务报告，直接对发行人管理层和财务负责人进行访谈，了解详细的业务运作和财务管理情况，并将在上述过程中获得的信息与审计报告相关内容进行印证，如发现审计报告中存在逻辑不一致或错漏之处，应立即进行深入核查并获得合理的解决方案。此外，承销商还可以委托独立的审计机构重新审计部分或全部财务数据，以进一步验证资产负债、收入成本、现金流等关键指标，发现并纠正潜在的问题或风险。

在核查和复核工作中，承销商需要确保每一项调查过程都有详细的记录或报告，以便在必要时能够作为其履行勤勉尽责义务的证据。承销商应通过系统化的记录和管理，确保所有尽职调查工作的可追溯性和完整性，以便有效实现勤勉尽责抗辩。比如，在核查发行人的财务状况时，承销商应详细记录每一个财务数据的核实过程，包括来源文件、核查方法、核查人员以及结论；在访谈时要做好访谈记录，并注意访谈记录中需要涵盖访谈对象、访谈时间、访谈内容和重要问题及回复等关键要素，还要注意要求参加访谈的全体人员进行签字确认，以确保每一个访谈过程都有据可查。另外，承销商需要定期与债券服务机构和发行人沟通，定期召开多方会议，讨论尽职调查过程中发现的问题，听取发行人和债券服务机构的反馈，并制订相应的解决方案，从而确保参与尽职调查的各个主体都在同一节奏上开展工作，避免因信息不对称或沟通不畅而导致的信息披露不一致，上述中介机构协调会也应注意做好会议记录，在必要时可以作为证据使用。

（4）尽职调查工作虽然存在瑕疵，但即使完整履行了相关程序也难以发现信息披露文件存在虚假记载、误导性陈述或者重大遗漏。

在实际操作中，尽职调查工作受到信息的可获得性、发行人的配合程度以及调查人员的专业能力和经验等多重因素的影响，即使承销商严格按照法律、法规和行业规范要求进行尽职调查，但在有限的时间和资源条件下，仍然可能无法做到百分百符合监管的所有要求。因此，只要承销商能够证明其尽职调查工作的瑕疵并未对调查结果和信息披露的总体准确性产生实质性影响，即使存在虚假记载、误导性陈述或重大遗漏，也应在合理范围内予以免责。上述规定充分考虑到了承销商在展业中面临的实际情况，是值得肯定的。

四、我国承销商勤勉尽责抗辩的不足

作为承销商最重要的免责事由，我国关于承销商的勤勉尽责抗辩存在不足之处，这些不足揭示了承销商在市场中所面临的困境，也反映了现行金融法律体系在适应市场变化方面所面临的挑战。

（一）对承销商的责任过于苛刻

有观点认为，对承销商而言，《证券法》中的归责原则过于严格，导致承销商承担过重的责任。这在一定程度上限制了承销商在证券发行中的积极作用，容易影响到证券市场的健康发展。在金融市场中，承销商承担着较多的责任，《证券法》法律框架要求承销商在证券发行过程中对发行信息的真实性、准确性和完整性负有极高的保证责任，防止虚假信息的传播，但这容易导致承销商因过度担忧法律风险而过于保守，不敢承担应有的市场功能。承销商在面临容易发生的重大法律后果时，会有一定的概率选择避免涉及某些高风险市场的机会，这在一定程度上限制了创新型企业或高成长性企业的融资渠道。根据目前的法律规定，承销商为了获取免责抗辩从而避免承担法律风险，不得不进行非常详尽的尽职调查，承销商不仅需要评估公司的利润表、资产负债表、现金流量表等财务报表并进行专业的财务分析，以判断其持续经营能力和潜在的财务风险，还需要通过对发行人过往的商业行为、法律诉讼以及业务声誉等进行分析，对管理层进行背景调查等方式，综合评估发行人的业务模式、市场定位、竞争环境、公司治理状况以及管理团队的能力和诚信。这种尽职调查往往要求承销商投入大量的时间和资源，有时甚至需要聘请外部的专业顾问来辅助完成这一调查。但由于市场和企业运营的复杂性，承销商往往难以完全揭示出所有潜在的风险和问题，一旦出现未能发现的问题导致投资者损失的情况，监管机构针对已暴露的风险总是可以轻易地找到承销商未勤勉尽责的证据，导致承销商即便投入了高额的尽职调查成本但仍无法有效避免相应的法律风险。此外，承销商责任的苛刻性还体现在信息披露文件的制作方面。承销商需要与发行方、其他中介机构保持密切合作，进行多轮的文件校验和修订，确保向公众披露的信息真实准确完整，但是由于监管机构对证券发行申请文件的要求非常高且需要提交文件的数量也相当之大，"确保披露信息真实、准确、完整"其实是一项非常苛刻的义务，这进一步增加了承销商在证券发行中的工作负担和成本投入。不仅如此，持续监管义务要求承销商在证券发行后还要继续跟踪和评估发行公司的业务表现和财务状况，在一定时间内督导发行人规范运作、履行持续信息披露义务，并对重大事项出具专项核查报告，一些市场还要求承销商在证券发行后的每个年度出具一次持续督导报告。为确保上述文件内容的真实、准确、完整，承销商不得不在证券发行完成后持续进行尽职调查，然而往往承销商履行持续督导职责是不向发行人收取任何费用的。以上问题叠加起来，可能会导致承销商在证券发行承销活动中承担的风险和收益不成正比，间接抑制市场的整体活力和创新潜力。这种情况致使承销商由于担心可能的法律责任，会过度谨慎，从而选择避免参与这些领域的融资活动，并对有融资需求以推动技术突破和市场创新的企业造成负面影响。在实践中，承销商会因为担心法律责任而回避许多初创企业和高成长性公司，导致这些具有潜在重大社会和经济价值的创新项目因资金不足而难以实现，影响了企业的成长和市场的多样性，在更广泛的层面上抑制了经济的创新和活力。为此，执法机构和司法机关在适用《证券法》处理或审理虚假陈述案件时，应充分论证，寻找合适的平衡点，以期既能保护投资者免受虚假信息的损害，也能确保承销商不会因受到过度的法律威胁而退出市场，妥善处理好市场安全和市场效率之间的关系。

对此提出的改进措施主要有引入有效的风险评估机制，监管政策的适用要区分不同类型和规模的证券，以及为承销商提供更为明确的法律指导和风险评估标准。第一，在当前的金融市场中，金融科技、区块链及其他创新型金融工具不断涌现，新的技术和业务模型迅速发展，为承销商引入有效的风险评估机制提供了良好的技术基础。承销商需要依靠专家的深度分析和前瞻性评估，并结合最新的技术手段，构建一个全面、多维度的风险评估体系，从而能够迅速发现相关风险并进行预防，经承销商风险评估属于高风险项目的，承销商可以选择不予承做从而从源头把控风险。同时，承销商还可以建立一个能够快速响应市场变动和内部风险发现的信息系统，通过引入先进的数据分析和风险管理软件，来帮助承销商实时监控市场动态和内部操作风险，使承销商能够在发现潜在问题时迅速采取措施进行调整或纠正，在保护自身免于承担责任的同时，可以更有效地服务于市场和投资者，推动整个资本市场的稳定与发展。第二，当前的"一刀切"法律责任框架体系忽视了金融产品的多样性特征，未能有效区分不同类型和规模的发行实体。法律及监管机构应提供更加明确的指导，对于不同特征的证券发行实体，承销商应承担不同的风险与责任。例如，对于初创企业和民营企业，承销商如为这类企业提供服务，可以设定一套相对宽松的责任框架，允许承销商在履行基本尽职调查后，能够对一些不可预见的风险因素予以免责，从而鼓励承销商和投资者对这些领域投入更多的关注和资源，支持新兴市场和技术的发展；对于大型企业或者知名成熟发行人，法律法规应强调承销商在这类企业的证券发行中的高标准责任。通过这种方式，可以确保所有市场参与者的利益均可以得到妥善兼顾与保护。第三，为承销商提供明确的法律指导和风险评估标准。这是提高市场效率的需求，是避免承销商责任不明确的举措，也是保护投资者利益和维护市场公正性的必要措施。在规则指导方面，监管机构应制订具有可操作性的执业指导手册，详细说明在不同市场环境下承销商的责任和义务，指导承销商如何处理潜在利益冲突，如何进行有效的市场监测以及在发现问题时的正确报告程序，帮助承销商更有效地识别和应对各种风险。在风险评估标准的制定方面，监管机构可以利用大数据分析、人工智能等现代技术建立一个全面的市场行为数据库，实时监控市场动态，利用算法模型预测市场反应并据此调整监管策略，以提高自身的风险管理能力，为整个市场的稳定和发展做出贡献。这样的合作和努力可以在有效保护投资者的同时兼顾到承销商的利益，有助于增强证券市场的活力，促进其健康发展。

（二）免责条件的复杂性

承销商要免除责任，需要证明自己已经尽到了一定的注意义务。这一免责事由的证明过程复杂且具有挑战性，需要承销商提供充分的证据来支持自己的主张。根据《证券法》的规定，若要免责，承销商必须证明自己对虚假陈述没有过错。如上文分析，"没有过错"的证明路径是承销商需要证明自己勤勉尽责。勤勉尽责的证成相对复杂，在实际操作中，"勤勉尽责"往往意味着极高的履职要求。在债券或股票发行准备阶段，公司突然宣布其主要产品出现重大缺陷，或者主要市场的政策突然改变导致潜在的营收损失，承销商需要将此情况立即反映在更新的招股说明书中；在公司关键供应商发生破产或重组，影响供应链稳定性时，承销商必须评估此事件对公司运营和财务前景的影响，并迅速在相关的投资文件中披露；在公司管理层发生重大变动（如CEO或CFO突然辞职）时，承销商需要立刻调查并公开此类变动可能带来的影响，保证投资者能够及时了解相关信息；在发现公司涉嫌违法违规行为时，承销商有责任确保这些信息得到充分调查并适时披露，以防止投资者基于不完整或误导性信息做出决策。这些事件有时非常复杂且需要一定的调查时间，但与此同时信息披露的及时性要求又未给承销商开展深入尽职调查预留足够的时间。承销商需要具备极高的专业知识和超级敏捷的反应能力，才能够在极短的时间内快速整合内部和外部的资源，对事件进行全面分析，做出合理的判断并妥善披露。承销商在这些事件中还面临着高昂的合规成本，在事件发生后，承销商需要投入大量的人力和财力进行法律审查和信息更新，这使得承销商在履行尽职调查和信息披露义务时将承受巨大的压力。"勤勉尽责"意味着极高的履职要求，勤勉尽责的证明绝非易事。

（三）承销商的免责标准不统一

在某些情况下，尽管承销商对发行人的财务报表、市场地位、管理团队以及潜在的风险因素等均按照监管规定的步骤进行了详尽的尽职调查，但由于发行企业在发行后不久就出现了重大的财务问题或业绩下滑，投资者往往会质疑承销商在发行过程中的信息披露是否充分，或是否存在过于乐观的市场预测。这种情况下，即便履行了监管规定的尽职调查程序，司法机关或者执法机关可能仍会根据案件结果及市场影响对责任的归属做出安排，从而导致承销商承担一定的责任。此外，在新型的证券产品承销中，执法机关和司法机关在责任认定时，除了考虑监管规定的标准外，还会考虑承销商是否在此基础上额外采取了必要的措施来核查和披露这些不常见风险。在此情况下，即使承销商遵循了基本的行业标准，也可能被判定负有责任。另外，在法律实践中，如果其他中介机构的信息被证明是错误的或不完整的，并且这些信息对投资者的投资决策产生了重大影响，承销商又信任并在披露文件中引用了这些信息，法院在中介机构之间的责任分配上将面临难题。在每个案件中，承销商的具体行为、投资者的损失程度、市场和经济条件的具体影响等均不相同，很难总结出一套统一的责任分配政策，也极易出现同案不同判的情况。

此外，在全球化的金融市场中，承销商面对的法律环境复杂多变，不同司法辖区的法律规定可能大相径庭。在全球化的市场环境中，不同国家的法律体系、经济状况、市场习惯及法院裁判理念都可能对承销商虚假陈述民事责任存在不同的理解，相同事项在不同的司法辖区中可能面临着不同的法律后果，增加了承销商在国际业务中的不确定性和法律风险。这要求承销商在进行跨境的证券发行时，必须考虑到这种法律规定的不一致性，并针对不同法域的具体法律环境制定不同的应对策略。承销商应在不同的法域设置相应的法律顾问，确保全面理解和执行各法域差异化的监管要求，减少因解释不一致带来的法律风险。

综上所述，承销商勤勉尽责抗辩为承销商提供了一定的责任豁免空间，但由于责任过于苛刻、免责条件的复杂性和免责标准不统一等问题，承销商以期通过勤勉尽责进行免责抗辩并非易事，在实践中尚存在着一定的不确定性。

五、勤勉尽责抗辩对承销商的启示

对勤勉尽责抗辩的研究，一方面为行政执法和司法审判提供了更加细致的操作标准；另一方面也为承销商承销活动的开展提供了重要的启示。在侵权责任的法律框架下，承销商在证券市场的行为受到严格监管。承销商应通过充分彻底的尽职调查、严格遵守行业行为规范、加强风险管理与合规管理等方式，极力避免承担民事责任的法律风险。此外，承销商还应通过研判司法判例等方式归纳、总结业务风险点，并为执业活动提供必要的指引；对于其他中介机构提供的信息要进行合理的验证，不能无条件采信。

（一）充分彻底的尽职调查

作为资本市场的"看门人"，承销商在承销证券时要执行充分、彻底的尽职调查程序。在金融市场中，尽职调查是否充分彻底直接关系到证券发行的质量和投资者对市场的信任。充分彻底的尽职调查涉及发行公司的财务状况、运营效率、市场竞争力、管理团队的胜任能力以及公司面临的法律和商业风险等方方面面，在尽职调查过程中，承销商还需对市场趋势、行业变化等事项对公司经营可能造成的影响进行审慎评估，以确保公司有能力应对这些外部变化。对此，承销商除运用其专业知识进行判断外，有时还需咨询外部专家如市场分析师或行业顾问等，以获得深入的见解和分析。通过充分彻底的尽职调查，承销商能够向潜在投资者提供必要的信息，筛选出真正有投资价值的企业，有助于建立投资者对市场的信心，提高市场的整体透明度和公信力。充分彻底的尽职调查，一方面是承销商的执业标准；另一方面也是承销商虚假陈述民事责任的抗辩事由，为其提供了有力的法律防御。

实践中，尽职调查是否充分彻底可以参考行业标准的规定。行业标准通常规定得较为全面，会要求承销商审核发行人提供的所有财务资料、业务资料、市场竞争状况资料、合法合规情况等，以评估发行人的业务可持续性和潜在风险，并确保所有向投资者披露的信息都是准确无误的。具体而言，需要对发行人所提供的财务报表进行详细的分析，需要验证收入、成本、资产、负债等关键财务指标的真实性；需要对发行人的业务运营模式、市场定位、竞争策略以及成长潜力进行综合分析，以确保发行人商业模式的可持续性以及持续盈利能力；需要对发行人在行业中的竞争地位及潜在风险进行评估，综合考虑市场的竞争状况及对公司市场份额和发展前景的影响；需要对发行人的公司治理、税务、环保和劳动法规的遵守情况等进行审查，以确保公司在运营过程中遵守了所有相关的法律法规，避免未来发行人因潜在的法律纠纷或行政处罚而遭受巨大损失；需要对发行人管理团队的背景进行调查，包括需要核实管理团队成员的资历、过往的业绩以及行业声誉，核查发行人管理团队职业道德是否存在不良记录等。需要指出的是，行业标准仅为充分彻底的尽职调查提供了最基本的要求和方法，承销商在实际操作中还应结合发行人的特殊情况制订更加具有针对性的尽职调查方案，以确保可以全面地发现发行人存在的问题和风险。为实现尽职调查的充分性和彻底性，承销商应不断提升自身的专业能力，以确保能够在监管规定的基本要求之上，还能够根据市场状况、特定行业的风险和公司特定情况等调整其尽职调查的重点和深度，以确保其尽职调查能够真实有效地反映发行人的真实状况，并在可能的法律框架内为自己提供免责的依据。

在尽职调查中，承销商面临着较多的限制，这影响了尽职调查的充分性和彻底性。第一，承销商依赖于发行人提供的数据和信息，但发行人容易出于提升市场吸引力的目的，故意隐瞒负面信息或过度美化公司前景；实践中也有客户、供应商配合发行人造假的情况，导致承销商通过传统的尽职调查手段难以发现这些问题。这要求承销商需要具备高度的专业判断力，通过多渠道验证和深入分析来识别和评估潜在的风险。第二，证券发行过程通常有严格的时间表，承销商需要在有限的时间内完成复杂的财务分析、市场评估和法律审核，这容易导致承销商无法进行足够深入的调查，从而影响尽职调查的彻底性和充分性。这要求承销商需要精确平衡时间效率与调查的深度，确保尽可能在有限时间内获取最关键和最重要的信息，以形成对发行人的全面和客观评价。此外，承销商还可以通过以下方式提高尽职调查的充分性和彻底性。第一，承销商需要主动寻找和利用外部数据资源，包括同行业可比公司数据、市场研究报告以及宏观经济指标等资源，这些第三方数据具有独立性的特征，可以为承销商提供一个更为全面的市场和行业视角，承销商可以从大量数据中识别出关键信息和潜在风险，从而更准确地评估发行人的市场地位和投资价值。第二，承销商应加强与会计师事务所、律师事务所以及市场研究机构等独立第三方的合作，借助第三方机构的专业性和独立性，确保承销商能够全面掌握发行人的关键信息及潜在风险，第三方机构为承销商提供的客观深入的分析报告和建议，能够帮助承销商更好地理解市场变化和法律环境，及时发现发行人的问题及风险，并做好相应的信息披露和风险处置工作。第三，承销商应建立一套全面的内部控制系统，设立专门的质量控制部门，负责督导和控制整个尽职调查过程，并对潜在的风险点进行评估和报告，从而使得承销商能够及时发现和纠正尽职调查工作中的缺陷和漏洞，进而确保尽职调查的充分性和彻底性。综上所述，在尽职调查工作存在客观限制的情况下，充分利用第三方数据、加强与其他中介机构的沟通以及加强内部控制，将在一定程度上缓解承销商尽职调查受限的影响，有助于提高承销商尽职调查的质量，降低因信息不足或错误评估导致的法律风险，使承销商能够在面对不断变化的市场环境时能够更有效地予以应对，同时也有利于保护投资者免受不必要的损失。

（二）严格遵守行业行为规范

承销商在从业时应注意行为要严格符合行业规范。承销商遵守行业规范是法律的要求，也是维护市场声誉和投资者信任的重要方式，更是承销商能够予以免责的重要依据。行业规范覆盖了承销商在证券发行和交易过程中的信息披露、交易执行、利益冲突处理等各个方面。在信息披露方面，承销商必须对发行人的各类事项进行全面调查，如对财务报表进行审查时，不仅应涵盖对已公布数据的核实，还应包括对潜在会计政策变更、财务调整以及预期的经济影响的评估，以确保所有数据都准确无误并符合会计准则的规定；同时，承销商应该查阅和整合行业报告、市场分析及竞争报告，以对发行人所在行业的竞争状况和发展前景、发行人在行业中的地位及市场份额等重要因素做到全面的掌握。在交易执行方面，承销商在设定证券的发行价格时，应对比同行业可比公司的市场表现，评估宏观经济状况并预测行业发展趋势，基于对客观市场数据和发行人财务指标的分析，承销商应通过一个透明的方法来确定证券价格，确保所有潜在投资者都理解定价的逻辑和合理性；承销商在证券分配过程中，应避免出现任何形式的歧视或偏袒特定投资者群体的情况，通过抽签、比例分配或其他公认的公平方法执行分配，确保所有投资者均有平等的获取机会，并确保整个过程的合规性和可审计性。在利益冲突处理方面，承销商应设计并实施一套包含明确策略和程序的内部控制系统，确保能够及时识别、评估、监控利益冲突，并在必要时解决利益冲突；承销商应通过信息隔离墙实现物理或逻辑上的分割，防止敏感信息在公司内部不同业务部门之间无控制地流通，从而能够保证相关部门的独立性和公正性，这有利于维护市场信任和客户利益。承销商严格地遵守法律法规和监管规则，将有利于在产生虚假陈述纠纷时免除或减轻其侵权责任，能够维护投资者利益并促进资本市场的健康发展。

（三）加强风险管理与合规管理

风险管理和合规管理的规范性将直接影响承销商的市场声誉和业务发展。在风险管理中，承销商需要建立和维护一个综合的风险管理系统来识别、评估、监控并处理各种金融和非金融风险，从而能够在项目初期就设定合适的风险处置措施，如可以通过设置保留条款、要求额外的保证或使用衍生工具等来对冲风险。在合规管理方面，随着全球金融监管标准的不断强化，承销商设置专门的合规部门，负责监督公司的业务活动和内部控制的合规性，定期进行内部审查和合规培训，以确保员工对最新的监管要求有清晰的理解和正确的执行，有助于确保公司的业务活动符合证券法规、市场规则和公司治理标准。全面有效的风险管理和合规管理可以帮助承销商持续符合法律和监管要求，从而可以在虚假陈述责任案件中得到充分的抗辩；规范的风险管理和合规管理也将帮助承销商尽早发现和识别项目重大风险并进行规避，从源头上防范虚假陈述民事责任法律风险的产生。

（四）司法判决案例的总结

建议承销商对司法判决案例进行总结的原因在于，虚假陈述纠纷案件的司法判决中可能会明确在特定情况下法律对承销商予以免责的情形，承销商可以通过对该等案例的总结，梳理相应的免责行为，并在实际操作中予以遵照执行，从而大大降低发生法律风险的概率。司法判决案例的总结对承销商而言具有重要作用。

（五）对其他中介机构的信息进行必要的验证

承销商在进行证券承销时，不可避免会依赖于发行人提供的信息。如果这些信息是经过正规的审计机构审计或是经过其他独立的第三方中介机构验证，并被这些机构认定是客观、真实、合理的，承销商对此类信息的合理信赖可以成为免责的理由。但合理信赖不是无条件信赖，各国的法律实践表明，对于这些第三方专业机构的信息，承销商不能完全无条件地信赖，而是有义务对其提供的信息进行独立的核查验证，包括对关键数据的复核、对信息披露完整性和信息来源有效性的评估等，即承销商只有对第三方专业机构的意见进行充分的核查验证并且有充分的证据表明这些信息是可以信赖的，承销商才能够信赖该等信息做出决策，也只有在这个前提下，承销商才能予以免责。因此，对其他中介机构的信息进行必要的验证对承销商而言具有重要意义。这就要求承销商需要与审计师、法律顾问以及市场分析师等中介机构人员密切合作，充分了解相关财务数据、业务描述和市场分析的做出依据及合理性，并就在阅读第三方中介机构报告时发现的风险和问题请求相应的中介机构予以释明。此外，承销商还需要结合项目具体情况采取其他合理、有效的方式对相关问题和风险予以进一步核查验证，直至有充分的证据表明这些信息是可以信赖的。需要说明的是，合理信赖是一种尽职调查的方法，并不属于独立的抗辩事由。在尽职调查过程中，承销商可以选择合理信赖，也可以选择全面尽职调查，但无论选择那种方式，承销商均应确保披露的信息是有充分的证据予以支撑的。

第三节　因果关系抗辩

侵权法中的因果关系，指的是违法行为作为原因，损害事实作为结果，在它们之间存在的前者引起后果，后者被前者所引起的客观联系[①]。如上文所述，承销商虚假陈述民事责任中存在两个因果关系，一个是交易因果关系，一个是损失因果关系，二者均为承销商民事侵权损害赔偿责任的构成要件，承销商可以通过证明任一因果关系的不存在，来破坏整个侵权责任构成的内在结构，进而使原告诉请的侵权责任不能成立。承销商的因果关系抗辩分为交易因果关系抗辩和损失因果关系抗辩。

一、交易因果关系抗辩

交易因果关系抗辩对抗的是交易因果关系的成立，即证明投资人购入证券行为与虚假陈述行为之间不存在因果关系。《全国法院审理债券纠纷案件座谈会纪要》第24条规定，"债券持有人在债券信息披露文件中的虚假陈述内容被揭露后在交易市场买入债券的诉讼请求，对其依据本纪要第22条规定要求发行人承担责任的诉讼请求，人民法院不予支持。"《最高人民法院关于审理证券市场虚假陈述侵权民事赔偿案件的若干规定》第十二条规定，"被告能够证明下列情形之一的，人民法院应当认定交易因果关系不成立：（一）原告的交易行为发生在虚假陈述实施前，或者是在揭露或更正之后；

[①] 杨立新．侵权责任法 [M]．北京：法律出版社，2021：65.

（二）原告在交易时知道或者应当知道存在虚假陈述，或者虚假陈述已经被证券市场广泛知悉；（三）原告的交易行为是受到虚假陈述实施后发生的上市公司的收购、重大资产重组等其他重大事件的影响；（四）原告的交易行为构成内幕交易、操纵证券市场等证券违法行为的；（五）原告的交易行为与虚假陈述不具有交易因果关系的其他情形。"以上，承销商可以通过举证证明交易因果关系不存在而进行抗辩。

二、损失因果关系抗辩

损失因果关系抗辩对抗的是损失因果关系的成立，即通过行使损失因果关系的抗辩，承销商可以将与虚假陈述无因果关系的损失从原告的诉讼请求中剔除。法院或仲裁机构在审理虚假陈述案件时，必须仔细评估所有相关证据，清楚地界定行为与损害之间的因果联系，并确定责任的归属，以确保责任的划分既公正又合理。在承销商侵权责任案件中，只有在明确了承销商的行为直接导致了损失时，承销商才可能被判定承担责任。在许多情况下，尽管承销商采取了符合行业标准的尽职调查措施，但由于市场波动或其他外部因素的影响，投资者最终还是遭受了损失。在此种情况下，法院应审慎评估承销商的行为是否是导致投资者损失的唯一原因，市场波动和其他外部因素是否对这些损失也造成了影响。法院通常需要借助专家证据来分析和解释复杂的金融交易和市场动态，从而确保每个被告的责任与其行为的实际影响相匹配。一旦证明承销商行为与投资者损失之间没有直接关联，则承销商可以在此范围内免责。综上所述，通过精确地应用责任归属与因果关系的明确原则，可以保证不会因法律的误用而对市场参与者造成不公正的负担，维护了市场的整体公正性和效率。

《全国法院审理债券纠纷案件座谈会纪要》第24条规定，"发行人及其他责任主体能够证明债券持有人、债券投资者的损失部分或者全部是由于市场无风险利率水平变化（以同期限国债利率为参考）、政策风险等与欺诈发行、虚假陈述行为无关的其他因素造成的，人民法院在确定损失赔偿范围时，应当根据原因力的大小相应减轻或者免除赔偿责任。人民法院在案件审理中，可以委托市场投资者认可的专业机构确定欺诈发行、虚假陈述行为对债券持有人和债券投资者损失的影响。"《最高人民法院关于审理证券市场虚假陈述侵权民事赔偿案件的若干规定》第三十一条规定，"被告能够举证证明原告的损失部分或者全部是由他人操纵市场、证券市场的风险、证券市场对特定事件的过度反应、上市公司内外部经营环境等其他因素所导致的，对其关于相应减轻或者免除责任的抗辩，人民法院应当予以支持。"以上规定是损失因果关系抗辩的依据，承销商可以通过证明存在上述情况来主张损失因果关系抗辩。

第四节　其他抗辩事由

承销商民事责任属侵权责任，除《证券法》上规定的特殊免责事由外，民法上的一般免责事由也应予以适用。

一、时效抗辩

出于提高效率及维护交易稳定性的考虑，各国民法普遍规定了时效制度，即权利人如果在一定时限内不行使其权利，当该时限经过时，权利人关于该权利的请求权归于消灭。我国《民法典》第一百八十八条规定的民事诉讼时效为三年，该规定同样也适用于承销商的民事责任。如果投资人知道或者应当知道权利受到损害以及义务人之日起超过三年提起诉讼的，承销商可以对其行使时效抗辩从而免于承担责任。关于何为"投资人知道或者应当知道权利受到损害以及义务人之日"，《最高人民法院关于审理证券市场虚假陈述侵权民事赔偿案件的若干规定》第三十二条规定，可以根据当事人的主张，以"揭露日"或者"更正日"为诉讼时效的起算点；二者不一致的，以在先的为准。上述司法解释第八条和第九条进一步界定了"揭露日"和"更正日"的认定标准，使得相关规定具备了明确性和实操性。同时，上述司法解释还考虑了虚假陈述民事责任诉讼中原告众多的特点，对诉讼时效中断的特殊情况及在各原告间的适用方法进行了规定。

二、"吹哨警示"抗辩

"吹哨警示"抗辩是指承销商在发现虚假陈述后，采取了适当措施对违法行为进行了报告或制止，从而可以免于责任的承担或者减轻责任的承担。德国、英国、美国等国家的证券交易法中均规定了"吹哨警示"抗辩。我国法律和司法解释层面对此没有明确的规定。

三、受害者过错

受害者过错是指如果投资者未能履行基本的风险评估责任，或在明知风险存在的情况下仍选择投资，这种情况可以减轻或免除承销商的责任。具体而言，在金融市场的操作中，尽管承销商负有向投资者提供全面且准确信息的责任，但最终的投资决策权仍然掌握在投资者手中。如果在投资前，相关风险已经通过适当的信息披露被明确指出，投资者仍然选择继续投资，那么在发生投资损失后，承销商可以减轻甚至免除其赔偿责任。但这要求承销商确保信息披露能够达到市场和法律标准，投资者能够接收到这些必要信息，但其在投资中选择忽视风险，继续投资并造成了损失。承销商在投资者因此遭受经济损失时，理应得到一定程度的法律免责。

理想情况下，投资者在做出投资决策前，应独立验证承销商和发行人提供的财务报表、市场分析报告以及任何相关的披露信息，从而能够全面理解市场情况、特定证券的投资风险及投资价值。但如果投资者忽视了这些基本的核查步骤，未能识别和理解明确披露的风险，或者在已知风险明显的情况下还决定投资，那么在损失发生时，这些行为可以成为承销商免责的依据。法院在处理此类案件时会充分考虑投资者的专业背景，判断其是否已经超越了一般投资者的知识范围并能够独立评估相关风险，承销商可以合理地主张投资者应当自行承当相应的经济后果。受害者过错免责保护了承销商免受不公平的赔偿要求，也鼓励市场参与者保持高度的警惕和责任感，这不仅维护了市场的正义，也强化了投资者对风险管理的个人责任，促进了金融市场的健康发展。

四、第三方过错

在资本市场中，审计师、评级机构或律师事务所等其他市场参与者的行为也会影响信息披露的质量和投资者的决策，特定情况下也会导致投资者遭受损失。第三方过错免责是指诸如评级机构的错误评级或法律顾问的误导建议等第三方因素，可以成为承销商免责的依据。具体而言，在金融市场中，承销商会依赖于评级机构的信用评级和法律顾问的合规建议，并基于这些专业意见做出决定并向市场披露相关信息。当第三方的信息或建议存在错误时，可以成为承销商在面临法律责任时的一种重要免责依据。在资本市场的运作中，承销商对外部评级机构的依赖是基于这些机构的专业性和市场信誉，但这些机构的工作并非无懈可击，内部信息处理的错误或分析上的失误也会导致评级错误。信用评级机构为企业发行的证券提供信用评级服务，信用评级的高低会直接影响证券的吸引力和发行成功率。当评级机构出现内部信息处理错误或评估标准的应用失误，承销商可能会基于其提供的错误的评级，推荐投资者购买证券。在此情况下，如果承销商能够证明他们合理地信赖了这些专业评级而做出了决策，并且有充分的证据证明该等信息值得信赖，那么他们可以在投资者遭受损失时申请免责。对于在信息披露文件中引用的行业研究机构的意见，一旦被证明不准确或不真实并且导致投资者做出错误的投资决定，如果承销商在相关的投资文件中明确了信息来源，则可以在投资者遭受损失后提出免责。对于审计报告存在的不真实的问题，如果承销商能够证明其经过必要的程序对审计机构的意见进行了充分论证并有合理理由相信第三方审计结果的真实、准确、完整，则也可以视为合理的免责理由。因此，为了最大限度地减少因第三方错误而产生的风险，承销商需要在与这些专业服务机构合作时履行必要的尽职调查程序，并可以要求第三方专业机构提供详尽的工作底稿和分析依据，确保其建议和评估的可靠性。通过这些努力，承销商可以在法律上证明其合理信赖了专业机构的建议，已尽到了合理的注意义务，因此在某些情况下应当免除其因第三方错误而引起的责任。

五、不可抗力免责

不可抗力是指人力所不可抗拒的力量，包括自然原因（如地震、台风、洪水、海啸等）和社会原因（如战争等）。不可抗力是独立于人的行为之外，并且不受当事人的意志所支配的现象，是各国立法通行的免责事由[①]。不可抗力免责由法律直接规定，是法定的免责事由。在发生不可抗力情况下，损失并不是由被告的行为造成的，因此不可抗力免责属特别免责事由。《民法典》第一百八十条规定了不可抗力免责。商法是民法的特别法，民法上不可抗力的免责事由在商法上的承销商民事责任制度中同样适用。具体而言，在金融市场中，承销商扮演着桥梁和过滤器的角色。承销商对发行的证券进行彻底的尽职调查，确保其合法性和合理性，还需要对发行人的财务状况、业务运营的可持续性以及任何影响证券价值的因素进行综合评估，确保相关披露信息的真实性、准确性和完整性。在承销商遵循了所有监管规定、履行了适当的信息披露义务后，若投资者因市场的整体性变动如金融危机、战争、自然灾害等宏观经济事件而遭受损失，承销商不应承担损害赔偿责任。这一规定体现了法律对于风险分配的理念，即将因不可预测市场因素引起的风险分配给更能承担此类风险的市场参与者，而非单一地由承销商承担。这种法律法规的直接免责使得承销商能够在不承受不公平负担的情况下，更加积极地参与市场活动，推动资本的有效配置和金融产品的创新，有助于维护金融市场的秩序和流动性，也为投资者提供了一个更为清晰和透明的投资环境，使其可以在了解潜在风险的基础上做出更为明智的投资决策，促进了整个金融生态系统的健康发展。虽然不可抗力可以免责，但在实际操作中，承销商还是应该实时监控市场动态和潜在的宏观经济变化情况，以便在出现金融危机或其他重大事件时能够迅速采取措施，保护投资者的利益、维护资本市场的稳定。

[①] 杨立新.侵权责任法 [M].北京：法律出版社，2021：168.

六、合同条款约定免责

合同条款约定免责是指在承销协议中，通常会包含一些免责条款，明确规定在什么情况下承销商不承担责任。具体而言，承销商在资本市场中帮助发行方将股票或债券引入公开市场，尽管其会进行尽职调查，以评估发行人的财务状况和业务前景，但其并不能完全保证所依赖的信息绝对准确并具有时效性。因此，合同中的免责条款可以明确承销商在何种情况下不应承担法律责任，帮助承销商防范因市场或外部因素变动引起的不可预见风险。免责条款通常涵盖从信息披露到市场波动等各个方面的内容，包括不对第三方的行为如审计师事务所的疏忽或错误负责，以及对市场整体趋势或政府政策变化导致的投资损失不负责任。在实践中，承销商应确保这些条款足够清晰且易于理解，以便在发生的法律争议中能够有效地利用这些免责条款进行自我保护。但承销商也需要依法行事，确保其所有的业务行为都能够经得起法律和市场的检验。这表明免责条款并不能成为承销商不履行其职责的借口，反而应当是在他们已尽到所有合理努力后的一种法律保护。

在实际操作中，承销商的免责约款需要精确清晰，并在合法合规的前提下界定承销商的免责范围。第一，承销商需要确保免责声明涵盖全球经济不稳定、政治冲突、技术变革及其他容易对证券价值产生显著影响的外部因素等所有潜在的市场风险，详细说明在不可抗力因素下，承销商不承担市场波动或投资损失的责任。例如，在经济危机或重大政治变动的情况下，金融市场通常会经历快速和剧烈的波动，这种波动往往是由宏观经济因素和全球事件驱动的，而非任何单一市场参与者的行为导致的。此外，承销商还应在承销合同和信息披露文件中包含明确的市场风险警告，详尽列出汇率波动、利率变动、经济衰退、政治不稳定、贸易战等因素，指出在全球经济危机或政治动荡等情况下，市场可能出现的不稳定情况，并说明这些情况容易对证券的表现产生严重负面影响，并在免责声明中强调尽管会尽一切努力通过市场分析和尽职调查来评估和减轻这些风险，但在某些极端情况下，承销商不能保证保护投资者免受损失。第二，承销商在公开发行文件、投资简报和承销合同中都应清楚标注免责条款，并确保这些条款得到法律顾问的审核，确保符合《证券法》和市场监管的要求，并以透明且易于理解的方式传达给所有潜在投资者。在实际操作中，承销商在发行新的债券或股票之前，会准备一份详细的发行说明书，发行说明书中应涵盖市场风险、经济影响因素以及任何可能影响投资回报的风险等内容，需要清楚地解释政治变动、经济政策调整、全球金融危机等外部因素对证券表现的影响，并在投资者说明会和公开会议中进行口头强调，以确保所有潜在投资者都能在做出投资决定前充分理解这些风险，能够在可能发生的法律诉讼中保护承销商免受不当赔偿责任。

第三，随着新兴技术的不断发展，承销商应在免责声明中考虑行业特有的风险，免责声明中的这方面内容应明确并具体到特定技术领域的变动，指出由于技术进步导致的投资风险由投资者自行承担，这样可以在保护市场活力和创新的同时，有效避免因市场快速变化而产生的潜在法律责任。在实际操作中，如果承销商参与了一家专注于人工智能应用开发的公司的股票发行，其就应在发行文件中明确指出，技术发展的不确定性和相关法律、监管环境的变化容易对投资回报产生重大影响。承销商应在免责声明中明确说明技术标准的变化、知识产权的争议或技术实现的失败等因素都是潜在的投资风险，并向投资者解释这些技术的基本概念及其潜在的市场影响，帮助投资者理解这类公司的独特风险。承销商通过这些措施，能够在遵循行业规范的基础上有效地规避不必要的法律风险，提高市场的整体透明度和公信力，为投资者创造一个更加稳定和公正的投资环境。

七、紧急避险

紧急避险是民法上的法定的免责事由，旨在处理那些在避免即将发生的更大损害的情况下，行为人不得不采取行动但却可能伤害到第三方利益的复杂情况。紧急避险免责是指在金融危机等紧急情况下，承销商采取的措施如果是为了保护投资者利益或市场稳定，可以被视为免责行为。在金融市场中，一家承销商发现其正在承销的证券可能因为即将披露的公司负面消息而大幅贬值，则需要立即采取措施中止销售活动，以避免更大的经济损失。这一行为旨在避免更大的损害且具有必要性和适当性，可以被视为合法的紧急避险行为。在实施紧急避险行为时，承销商必须确保其所采取的行动与防止的损害相比处于必要性的程度范围内。即使在紧急情况下采取了行动，承销商也需要在事后对受影响的第三方进行适当的补偿，以保持市场信任和法律公正性。此外，在面对如全球金融危机等重大紧急情况时，市场急剧下跌，承销商需要与交易所协作，决定是否暂停交易，防止由于过度恐慌导致的无序抛售。这要求承销商采取的措施必须快速有效，要在极短的时间内做出决定，以避免市场的进一步恶化。具体采取的措施包括暂停交易、重新评估股票价格或采取其他措施，从而确保交易的公平性和市场的稳定性。暂停交易是金融市场中一种极端但必要的措施，旨在防止由于恐慌性抛售或极端市场波动导致的不合理价格波动，为市场参与者提供了冷静下来分析和评估情况的时间。在实际操作中，当决定暂停交易时，承销商需要与交易所密切合作，综合评估当前的市场条件、交易量、股价波动幅度以及可能引发暂停的特定事件或信息，交易所通过会发布公告，详细说明暂停交易的具体股票或资产、暂停的起始时间及预计的复市时间，确保所有市场参与者都明确了解暂停的原因和预计持续的时间；承销商需要确保遵守所有相关的法律和规章制度，在暂停期间与客户保持沟通，解释情况，通过重新评估受影响股票的价值，与投资者讨论市场复苏策略，以及准备市场开放后的交易方案等；重新评估股票的价格是指在市场变动剧烈时，承销商需要利用其专业知识和市场数据，通过广泛的市场分析和多方的沟通协调，对股票进行重新定价，确保其价格公正且符合当前市场状况。通过重新评估股票价格缓解市场压力，保护投资者的资金安全，并尽可能地恢复市场秩序。另外，承销商在紧急情况下可以实施市场冷静期策略，旨在给市场参与者时间来消化重要信息或调整其交易策略。在市场冷静期内，所有交易活动都会被暂时中止，给予投资者和交易员时间重新评估情况，出更为理智的决策，这有助于防止因恐慌性卖出或买入而引发的价格崩溃或无理上涨，维护市场的公正性和秩序。承销商还可以启动灾难恢复计划，确保关键交易系统的连续运行，或者转移交易场所以适应当前的紧急状态。灾难恢复计划旨在保证在自然灾害、技术故障、网络攻击或其他可能导致正常运营中断的情况下，关键交易系统和市场操作能够迅速恢复并继续运行。其涉及关键系统的数据备份和冗余设计、员工培训和应急响应机制，并需要经过定期的测试和更新，以应对新的威胁和挑战。为了防止更大规模的市场崩溃和维护经济稳定，承销商在采取这些紧急措施时必须精确衡量行动的时机与影响，确保它们既能有效应对当前危机，又不会对市场的长期发展造成不利影响。承销商通过采取上述措施，能够确保在面对各种突发事件时，市场可以迅速恢复运作，从而最大程度地保护投资者利益和市场的整体稳定。

第四章 承销商侵权责任的损害赔偿范围

第一节 损害赔偿概述

《民法典》第一百二十条规定了被侵权人的侵权请求权："民事权益受到侵害的，被侵权人有权请求侵权人承担侵权责任。"在侵权损害赔偿法律关系中，赔偿权利人即被侵权人享有的权利，就是侵权损害赔偿请求权。侵权损害赔偿请求权是一种次生权利，在其发生前，双方当事人之间并不存在相对的权利义务关系，只有发生了侵权行为，一方的行为造成了另一方的损害，才能在被侵权一方发生侵权损害赔偿请求权。侵权损害赔偿请求权对应的是侵权损害赔偿责任，当侵权人向权利人承担了侵权损害赔偿责任，被侵权人受到侵害的权利才得以恢复至圆满状态[1]。侵权责任方式是指侵权人就被侵权人行使侵权损害赔偿请求权所应当承担的以损害赔偿为基本内容的侵权责任具体形式。《民法典》第一百七十九条规定了11种民事责任方式，其中，与侵权请求权对应的主要是损害赔偿请求权，以及与侵权损害赔偿相关

---

① 参见杨立新.侵权责任法 [M].北京：法律出版社，2021：184-185.

的恢复原状请求权、未登记的动产返还请求权，以及赔礼道歉请求权[①]。在虚假陈述侵权责任下，投资人对承销商享有损害赔偿请求权。

侵权损害赔偿的根本目的是救济损害，属财产性的责任方式。对于侵权损害赔偿的范围，《民法典》只做了原则性的规定，《民法典》第一千一百八十四条规定，"侵害他人财产的，财产损失按照损失发生时的市场价格或者其他合理方式计算。"我们在确定侵权损害赔偿范围时，应注意遵循以下几项原则：第一，应符合法律保护合法权益的意旨，对于超出法规意旨的损害不应予以赔偿；第二，确定实际损害应依据相当因果关系，与行为无因果关系的损害不应计算在损害赔偿范围之内；第三，坚持客观标准，不以过错程度作为确定赔偿范围的依据。此外，承销商损害赔偿还要遵循以下的规则：

一、完全赔偿规则

损害赔偿的基本原则是赔偿应当使受害方在经济上恢复到未遭受违约或侵权行为之前的状态，即所谓的"完全赔偿"原则。完全赔偿原则是由损害赔偿补偿财产损失的基本功能决定的。适用全部赔偿原则确定损害赔偿数额的大小应以实际损害为标准，一般不以侵权人的过错程度为依据。全部赔偿包括直接损失和间接损失的补偿，但间接损失应适用预期利益损失规则，仅限于当事人可期待且必然得到的利益。此外，全额赔偿的只能是合理损失，不合理的损失不应予以赔偿。

在不同的法域中，损害赔偿的具体规定和实施方式会有所不同，但普遍原则是为了恢复正义和避免不法得益。"完全赔偿"原则在产品损害赔偿范围方面存在一定例外，各国产品责任法及相关国际条约的规定不一。缺陷产

[①] 参见杨立新. 侵权责任法 [M]. 北京：法律出版社，2021：184-185.

品可能引起的损害不外乎以下四种情形：人身伤害、财产损失、精神损害及产品自身损害。对于这四类损害，各国产品责任法及国际公约均未给予全部赔偿，而是做了特别的规定或限制。

二、过失相抵规则

过失相抵规则是指由于与有过失的成立而减轻加害人赔偿责任的规则。实行过失相抵规则，应当在过失和原因力的比较上，依比例确定当事人各自的责任比例，依次减轻加害人的责任。

三、衡平原则

衡平原则是指在确定损害赔偿范围时，需要考虑当事人的经济状况、习惯、舆论、当事人身份等因素，使赔偿责任的确定更加公正。衡平原则是在适用其他原则之后最后适用的原则，应综合考虑各种因素，使最终损害赔偿数额的确定更加公平。

证明损害赔偿事实需要提供客观的证据，该等证据必须清楚地显示出损害的性质和程度。例如，一方因另一方的违法行为或疏忽而遭受财产损失，原告需要提供财产的购买发票、修复费用报价、第三方评估报告或保险公司的损失评估等足够的证据，用于证实其财产在事件发生前后的价值差异；在情感类伤害中，原告需要通过医疗记录、心理治疗记录或专家证词来证明其情感受损的程度。通过要求明确的损害证明，法律鼓励所有当事人采取预防措施来避免潜在的损害发生，这种原则保护了受害者的合法权益，使其能够获得与实际损害相适当的补偿，也保护了被告不被无端的赔偿请求所累，促进了诚实守信的法律环境。

在损害事实的判定中，法官需要综合考虑多个关键因素，确保决策的公正性、准确性和合法性。第一，法院需要确切地识别和验证损害的存在。在判决过程中，法官需要评估物证、书面证据、证人证词以及专家意见等证据的可靠性和相关性，以确定损害的性质和范围。第二，法院需要判定损害与被告之间的因果关系，通过对事件的时间顺序、行为的直接后果以及任何可能的中间因素的仔细分析，建立一个清晰的因果链，判断被告的行为是否直接导致了原告的损害。第三，在某些法律体系中，法院需要对行为人当时的知识水平、所处情境以及一般认知能力进行考量，评估损害的可预见性，行为人是否能够预见可能导致的损害。第四，法院需要考虑赔偿的范围和性质。赔偿旨在将受害者损失恢复到尽可能接近其原先状态的位置，包括直接损失的赔偿和可预期的潜在经济损失的赔偿。基于以上内容，法院在确定赔偿责任时需要考虑公平性和比例原则，综合考虑双方的行为、责任程度以及任何可能的过错分摊，确保赔偿的确定不会导致任何一方不合理的负担，也不应超出为达到法律目的所必需的范围。这些原则有助于提高法律判决的透明度和可预见性，为确保所有当事人得到公正对待提供了基础。

第二节　投资人损害的计算

根据《民法典》相关条款，当民事权益遭受侵害时，受害者有权要求侵权方承担相应的法律责任，确保受害者的损失得到实际且公正的补偿。在金融市场中，承销商及相关证券服务机构面对的侵权责任纠纷中的赔偿围绕"填平原则"展开，即赔偿应仅限于由于虚假陈述导致的实际损失，即赔偿范围应与被侵权人因虚假信息遭受的具体经济损失直接相关。在金融市场操作中，证券虚假陈述所致的侵权行为涉及复杂的金融产品和多变的市场调价，计算因虚假陈述所造成的损失通常参考损失发生时的市场价格或其他合理的计量标准，以确保赔偿金额的准确性和公平性。承销商或其他证券服务机构因其提供的不实信息而引起的投资损失，需要基于股价下跌导致的直接资本损失、因市场反应而产生的间接损失等实际情况，并基于虚假信息发布后投资者实际承受的经济损失进行赔偿，且民事赔偿应当严格限制在因错误信息直接产生的损失范围内，超出部分不应当由侵权方承担。此外，赔偿的执行也需考虑到整个金融市场的稳定性和公平性，确保在赔偿过程中不会对市场造成不必要的干扰或引发进一步的不稳定因素。

虚假陈述导致的直接损失包括因虚假陈述直接导致的股价下跌等财务损害，这可以通过市场数据直接反映出来。例如，投资者因公司发布的虚假的盈利报告而导致购买的高估股票遭受的资本损失，可以清晰地量化为直接损失；间接损失较为复杂，包括投资者因虚假陈述而错失的其他投资机会、信誉受损带来的长期影响等。在确定赔偿额度时，承销商和相关机构必须全面评估，考虑到所有因虚假陈述而产生的潜在经济损害。在计算赔偿时，需要承销商与监管机构、法律顾问和受害投资者之间建立密切合作，确保所有赔偿措施都公开透明地进行，避免任何可能的误解或滥用，并且赔偿程序应尽量简便，避免过度烦琐的法律程序，以快速有效地为受害者提供救济。另外，赔偿执行机构内部应建立严格的审核和监控系统，以确保所有的赔偿措施都经得起法律和道德的双重考验，以有效地恢复投资者的信心，维护金融市场的稳定，防止类似事件的再次发生，推动整个金融市场朝着更加透明和公正的方向发展。基于赔偿的计算，理想的赔偿方式应该既能够快速有效地实现损害的补偿，又能保持市场稳定，在一些复杂的情况下，需要通过法院或仲裁机构来确定赔偿的具体数额和方式，确保所有受影响的投资者都能得到公平对待，防止发生误解和不必要的恐慌等情况。

一、实际损失

实际损失是指由于某种侵权行为，通常是虚假陈述或误导性信息直接导致的财务损失，具体表现为资产价值的直接下降、投资收益的减少或因市场信任度下降而导致的经济机会的丧失。其中，资产价值的直接下降是实际损失中最直观的一种表现，是投资者直接面临的财务损失。例如，一家公司由于虚假陈述其经营状况而吸引了大量投资，这种情况下，投资者基于公司提供的误导信息做出了投资决策，当真相大白后，公司的股票价值容易急剧下跌；投资收益的减少反映在预期收益未能实现上。当投资者基于公司报告的优良财务状况或业务前景进行投资时，其预期是根据这些信息预测的收益。如果这些信息被证明是虚假的，那么实际的投资回报就会低于预期，造成的损失即为未实现的收益；因市场信任度下降而导致的经济机会的丧失直接影响受虚假信息影响的公司，容易波及整个行业或市场，影响广泛的经济参与者。投资者对市场的信心下降，容易导致资金撤离，市场流动性减少，进而影响其他潜在的商业交易和投资机会。除了直接的资本损失外，实际损失还包括由此产生的连锁反应造成的损害。首先，当股票或其他证券的市值下跌，作为抵押或担保的股票的价值相应减少，当投资者用作保证金的股票价值减少，需要追加保证金，以维持现有的借款或衍生品头寸，这会导致投资者的融资成本增加，信用额度被减少。在此情况下，信用评级机构会重新评估投资者的信用状况，信用额度的缩减限制了投资者的操作灵活性，限制其应对市场波动的能力。其次，股价下跌会影响投资者的其他财务决策。陷入资本损失的投资者会变得过于谨慎，从而错过其他有利的投资机会。而投资者为了应对损失，需要聘请法律顾问或财务顾问，寻求专业意见或进行诉讼，这些行为都会产生额外的管理费用和法律费用，再加上为寻求补救措施而进行的额外投资或重组，构成了由虚假陈述引起的更广泛的经济损失。因此，当法院或仲裁机构在处理此类案件时，必须仔细评估所有相关证据，确保所有计算的损失都是基于可靠的数据和合理的推断，从而确保实际损失的赔偿既公正又符合实际情况，允许受害者得到应有的补偿，也有助于市场的正义和公平原则的实现。

在虚假陈述损害赔偿中，根据《最高人民法院关于审理证券市场虚假陈述侵权民事赔偿案件的若干规定》第二十五条的规定，"信息披露义务人在证券交易市场承担民事赔偿责任的范围，以原告因虚假陈述而实际发生的损失为限。原告实际损失包括投资差额损失、投资差额损失部分的佣金和印花税"。由此，虚假陈述责任中损失的具体计算包括投资者因买卖证券而产生的净差价损失，即"投资差额损失"，以及与这部分交易直接相关的佣金和印花税费用。上述司法解释将赔偿责任限定于直接经济损失，并未包括间接损失。这种做法一方面为投资者提供了明确的救济渠道，强化了证券市场中信息披露的法律责任，促使发行人和承销商等市场主体积极提高信息披露的质量和准确性，维护了金融市场的健康和稳定，另一方面又将被告的损害赔偿范围限定在直接损失范围内，对被告利益予以充分考虑，避免滥诉情况的产生。此外，被告免于赔偿间接损失的做法也减轻了法院认定损失的成本，提高了审判效率。

二、"投资差额损失"的计算与赔偿

《民法典》第一千一百八十四条"按照损失发生时的市场价格"计算的方法，也被称为"差额计算法"。通常而言，差额计算法的计算公式为：

损失=原物价值-残存价值

（一）《关于审理证券市场虚假陈述侵权民事赔偿案件的若干规定》确立的"差额损失计算模型"

投资差额损失的具体表现形式，依据截至基准日时投资者是否已经卖出或者买入证券而有所不同。

1.在基准日及之前卖出、买回证券的投资差额计算

依据《最高人民法院关于审理证券市场虚假陈述侵权民事赔偿案件的若干规定》第二十七、二十八条，在基准日及之前卖出或买回证券者，其投资差额损失以买入/买回证券平均价格与实际卖出证券平均价格之差，乘以投资人买回/卖出证券数量加以计算。

（1）在基准日及之前卖出证券

投资差额A1=（买入平均价格-卖出平均价格）×基准日（含）前卖出的
证券数量

（2）在基准日及之前买回证券

投资差额A2=（买回平均价格-卖出平均价格）×基准日（含）前买回的
证券数量

这一依据实际交易记录的计算方式，考量了投资者在不同时间点的投资决策，以及这些决策背后的市场条件，减少了由于市场波动或其他外部因素带来的评估误差，使得赔偿金额更加贴近投资者的真实损失。在实际操作

中，平均价格的计算涉及所有相关交易的加权平均，这要求投资者提供的交易日期、数量、单价等交易记录是详尽的，以确保计算的每一环节都是透明和准确的。投资者卖出/买回证券数据需要从投资者交易账户获取完整的交易流水，包括证券卖出/买回的具体时间点，以证明其在基准日之前的卖出/买回行为，有助于法庭评估该投资者的交易行为是否完全受到了虚假信息的影响。另外，这这一计算方式中引入了关于市场波动的考量，能够更公平地对待在不同市场条件下作出投资决策的投资者，也提供了一种机制，用于评估和调整由于市场波动导致的损失计算，确保赔偿金额既反映了市场真实状况，又避免了对任一方的不公平处理，有利于维护市场公正性和保护投资者权益。这一计算方式表明，在现代金融市场中，证券市场的稳定和公正高度依赖于信息的透明度，信息披露的不实或遗漏会影响单个投资者的利益，触及整个市场的信任机制和效率。因此，监管机构应通过引入更严格的财务报告标准和审计程序，以及增强披露义务的法律约束力，以提高披露信息的质量，减少市场操纵和投资者损失的风险。在此基础上，还应加强对信息披露的定期检查，引入信息披露评价系统，定期发布信息披露质量报告，以此激励和压实信息披露者的责任，从而能够进一步提升市场信息的透明度，增强市场的自我调节能力，降低因信息不对称引发的市场波动和不公平交易行为。

针对投资者方面，监管机构应开展定期的投资者教育项目，通过研讨会、在线课程、宣传册和实时的教育资源，帮助投资者更好地理解市场的复杂性，学习如何分析财务报表，识别潜在的投资陷阱和市场操纵行为，并通过在官方网站和社交媒体平台上发布教育内容，确保信息能够覆盖更广泛的受众，进而使投资者了解关于金融产品、市场操作和风险管理的基本知识，增强投资者的自我保护能力，降低投资者因信息不对称而遭受的损失。同时，监管机构应设置热线电话、在线投诉平台以及使用其他即时通信工具，鼓励投资者和市场参与者在遇到可疑或违规行为时，能够通过简便的渠道进行报告和反馈，并在接到反馈时给予快速响应，及时调查并采取适当措施，从而有利于增强监管的透明度和公信力，促进一个更健康、更公平的投资环境的形成，进而保护投资者的利益，促进市场的长期稳定发展。

2.在基准日之前未卖出/未买回证券的投资差额计算

依据《最高人民法院关于审理证券市场虚假陈述侵权民事赔偿案件的若干规定》第二十七、二十八条，投资人在基准日之前未卖出/未买回的股票，其投资差额损失，以买入/卖出证券平均价格与基准价格（虚假陈述揭露日或者更正日起至基准日期间，每个交易日收盘价的平均价格）之差，乘以投资人未卖出/未买回证券数量计算。

（1）基准日之前未卖出：

投资差额B1=（买入平均价格−基准价格）×基准日前未卖出股票数量

（2）基准日之前未买回

投资差额B2=（基准价格−卖出平均价格）×基准日前未买回股票数量

在虚假陈述事件中，投资人在基准日之后未卖出/未买回的损失计算相对复杂，涉及多个变量和市场动态。这一计算方法考虑到了市场在虚假陈述被揭露后的反应，以及这种反应对证券价格的实际影响。根据法律解释，必须先确定买入证券的平均价格，这反映了投资者在原始交易中的成本。随后需要计算从虚假陈述被揭露或更正之日起至基准日间，每个交易日的收盘价平均值。这一平均值反映了受虚假陈述影响期间市场对证券价值的重新评估。证券的市场价格反映了所有已知信息的综合效果，通过计算从虚假陈述揭露日或更正日到基准日期间的平均价格，可以更公正地评估投资者由于信赖错误信息而遭受的经济损失。在计算过程中，投资差额的确定要求精确的数值输入，要求对市场波动的深入理解，以确保赔偿的公正性，使投资者能够获得与其在不正当信息影响下持有或交易证券相匹配的赔偿。这种损失计算方法的实施需要依靠详尽的交易记录和精确的市场数据。监管机构和法院在评估这些案件时，可以依赖专业的金融分析师和市场专家的意见，以确保每一笔计算的公正性和合理性，维护受损投资者的权益，提高市场的整体透明度和公信力，促进金融市场的健康发展。首先，这一计算方式表明市场的每一次价格波动都会影响到计算结果，因此在处理虚假陈述导致的投资损失时，必须采用动态的视角来观察和分析市场变化。由于证券市场的全球性和复杂性，监管机构和法院需要建立一个高效和透明的信息共享系统，以检测全球范围内的市场动态，能够及时获取并处理来自不同市场和时区的数据，以准确捕捉影响证券价格的事件和信息，并确保所有相关信息都能够被及时识别和利用。其次，投资者的反应往往基于对市场信息的预期和解读，这种行为模式直接影响着证券的定价。这表明任何赔偿计算都应该考虑到市场条件、信息可用性和投资者行为等因素的复合效应。因此，法院和监管机构在评估损失时必须考虑虚假陈述揭露前后市场的整体状态和特定证券的表现，综合运用数学和统计方法，并配合市场心理和行为经济学等知识。通过这种综合方法，赔偿不仅更加公平，也更能反映实际的市场损失。最后，为了维护投资者的信任和市场公正，监管机构应持续优化其监控系统，强化对市场异常交易的预警和干预能力。随着金融市场的快速演变和新技术不断出现，交易方式和市场行为也持续发生改变。监管机构应引入更先进的算法和人工智能技术，建立更为全面的监控体系，实时分析大量交易数据，快速识别非正常的交易模式或潜在的市场操纵行为，以应对全球化金融市场的挑战，从而有效地保护投资者的利益和市场的公平性。在全球金融市场日益一体化的今天，监管机构应与国际同行进行更紧密的合作，建立国际监管合作机制，共享监测数据和警报系统，以能够防范跨境金融风险，打击市场欺诈和操纵行为，这有助于在全球范围内形成一个统一的市场监管标准和操作流程，提高各国监管的效率和有效性，从而提高全球金融市场的整体透明度和公正性。总之，通过监管机构的这些努力，结合法律制度的支持和市场参与者的合作，将共同构建一个更加健康、透明和公正的金融市场环境，确保金融市场的健康和持续发展。

（二）"投资差额损失"对应的佣金和印花税

在考虑因虚假陈述导致的赔偿时，对于与投资差额损失直接关联的交易成本，即佣金与印花税，需要精确地界定其赔偿比例。佣金是证券交易中的一种常见费用，通常由投资者支付给执行买卖订单的证券公司或经纪人。在金融市场上，佣金主要作为金融服务提供者的报酬，以补偿其为客户执行交易操作所提供的服务。在实际操作中，佣金的设置需要平衡经纪人或证券公司的服务价值和投资者的成本效益，还需要综合考虑市场竞争、交易频率、服务的附加值及客户的交易习惯等因素。佣金的高低直接影响投资的总成本和回报率。过高的佣金会降低市场的吸引力，使投资者回避高成本的交易平台；过低的佣金会吸引更多的交易活动，但容易影响服务提供者的收入和服务质量。为此，透明、合理的佣金结构有助于保持金融市场的公平性，提升投资者对市场机构的信任，促进市场的健康发展。

印花税作为投资交易中的一种直接税，由投资者在购买或出售证券时按照交易额的一定比例支付给政府，其设立和调整与政府的财政政策、市场监管目标以及经济环境的变化有关。在许多国家，印花税旨在为政府提供一种收入来源，对金融市场的交易活动进行一定程度的调节。在理论上，印花税被视为一种减少投机、促进市场稳定的工具，通过在交易中引入额外的成本，有助于筛选出那些仅基于短期利益进行交易的投资者，使市场参与者更加注重长期投资。这表明，印花税策略应当综合考虑经济增长目标、市场发展阶段以及全球经济环境的变化，以确保税收政策既能实现财政目标，又能维护金融市场的健康发展，从而平衡税率的设定与市场活力之间的关系。

在正常的市场操作中，不论市场信息的真实性与否，佣金和印花税都是投资者进行交易时不可避免的。因此，在计算赔偿范围时，应当将仅与由虚假陈述导致的投资差额损失相关的佣金和印花税纳入考虑。当投资者因虚假陈述而发生买卖，导致实际价格与合理市场价格之间存在差异，这部分差额对应的交易成本，应当得到补偿。这使受害投资者能够获得由于虚假陈述所直接导致的损失的补偿，避免了因市场正常波动而产生的成本被无端赔偿的情况。

在实际操作中，投资者必须提供涵盖每笔交易的买入和卖出价格、交易日期及相关的佣金和印花税的具体金额等完整的交易记录，并经由证券公司或其他有关第三方机构进行核实和确认，以保证数据的真实性和准确性，从而能够将交易记录作为赔偿计算的基础数据。另外，确定虚假陈述影响的具体时间段内的市场平均价格，回顾和分析虚假陈述发生前后的市场价格波动，计算受影响期间内的平均交易价格，以此作为评估投资差额损失的基准。通过对比虚假陈述影响前后的市场价格变化，可以更准确地判断投资者因虚假陈述而遭受的实际损失，以确保赔偿金额公正合理，能够反映投资者在一个健全和未受虚假信息影响的市场中本应获得的投资回报。长期来看，这一机制可以确保虚假陈述和其他市场操纵行为的风险被有效管理和控制，促进市场的健康发展，吸引更多的投资者参与，增强市场的活力和竞争力，从而为所有市场参与者创造一个更加公平和可持续的投资环境。

总而言之，实际损失包括直接的投资差额损失以及由此产生的佣金和印花税的相关损失。综上，投资差额损失计算公式小结为：

实际损失（基础范围）=投资差额损失+佣金和印花税损失

（1）因虚假陈述买入相关股票

①投资差额损失=投资差额A1+投资差额B1=（买入平均价格−卖出平均价格）×基准日（含）前卖出的证券数量+（买入平均价格−基准价格）×基准日前未卖出股票数量

②佣金和印花税损失=投资差额损失×（佣金比率+印花税比率）

（2）因虚假陈述卖出相关股票。

①投资差额损失=投资差额A2+投资差额B2=（买回平均价格−卖出平均价格）×基准日（含）前买回的证券数量+（基准价格−卖出平均价格）×基准日前未买回股票数量

②佣金和印花税损失=投资差额损失×（佣金比率+印花税比率）

针对①公式，以因虚假陈述买入相关股票情况为例，投资差额损失的计算分为两个主要部分，涉及基准日前后投资者交易的情况，投资差额A的计算涉及基准日或之前卖出的证券，在实际计算时，取买入时的平均价格与实际卖出时的平均价格之差，并乘以已卖出的股票数量，反映了投资者在不知情的情况下，由于虚假陈述而遭受的直接经济损失。投资差额B涉及基准日之后投资者仍持有或卖出的证券，这考虑了从虚假陈述被揭露或更正之日起至基准日的期间内证券价格的平均波动，反映了市场对虚假信息披露后的反应，以及这些反应对证券价格的实际影响。使用①公式计算可以更准确地评估投资者在虚假陈述影响下的持续损失，确保赔偿措施公平合理，体现了赔偿原则中的"填平原则"，即尽可能恢复投资者在没有受到虚假陈述影响时的经济状况。

针对②公式，其计算基于投资差额损失，进一步扩展到相关的交易成本，即投资者在交易证券时所支付的佣金和印花税。这作为补偿的一个重要组成部分，体现了赔偿的全面性，确保投资者因依赖虚假信息进行的交易不仅能够得到本金损失的补偿，还能够得到因这些交易而额外支出的成本。在实际应用中，佣金和印花税损失是将投资差额损失与相应的佣金比率及印花税比率相乘。这一计算方式确保了在赔偿过程中考虑到了所有由于依赖虚假陈述而产生的经济活动的成本。在实际法律实践中，需要确保虚假陈述责任纠纷中投资者获得的赔偿能够真正补偿其由于信赖不实信息所导致的损失，包括因市场价格下跌而直接遭受的资本损失，涵盖佣金和印花税等因执行交易而必须支付的各类附加费用。当投资者在虚假陈述的影响下进行证券交易时，这些本应为投资增值服务的费用转变为无谓的经济损失。在赔偿这部分损失时，法院通常会要求证券虚假陈述的责任方承担相应的费用赔偿，确保投资者能够从赔偿中回收这部分非自愿而又不得不支出的成本。这一赔偿机制的设置通过法律救济增强了市场的整体公正性和透明度，确保投资者能够获得全面的赔偿，有助于恢复其对市场的信心，从而支持市场的稳定和健康发展。在实际案例中，当投资者因虚假陈述导致买入证券后市价下跌，在卖出这些证券时产生价差损失，且需要支付交易时的佣金和印花税。法院在处理案件时需要考虑到维护市场秩序和保护投资者权益的双重需要，通过对虚假陈述行为的严格处罚和全面赔偿，促使所有市场参与者都能更加重视信息的准确性和披露的完整性。这使得投资者能够得到真正意义上的"完全赔偿"，即尽可能地恢复到未受虚假陈述影响时的经济状态。

（三）《全国法院审理债券纠纷案件座谈会纪要》对债券纠纷的规定

此外，由于业务自身的特点不同，还应注意债券虚假陈述纠纷损害赔偿的计算方法与股票承销中损害赔偿的计算方法并不完全相同。《全国法院审理债券纠纷案件座谈会纪要》第22条对债券欺诈发行和虚假陈述的损失计算方法进行了明确。"债券信息披露文件中就发行人财务业务信息等与其偿付能力相关的重要内容存在虚假记载、误导性陈述或者重大遗漏的，欺诈发行的债券认购人或者欺诈发行、虚假陈述行为实施日及之后、揭露日之前在交易市场上买入该债券的投资者，其损失按照如下方式计算。

①在起诉日之前已经卖出债券，或者在起诉时虽然持有债券，但在一审判决作出前已经卖出的，本金损失按投资人购买该债券所支付的加权平均价格扣减持有该债券期间收取的本金偿付（如有），与卖出该债券的加权平均价格的差额计算，并可加计实际损失确定之日至实际清偿之日止的利息。利息分段计算，在2019年8月19日之前，按照中国人民银行确定的同期同类贷款基准利率计算；在2019年8月20日之后，按照中国人民银行授权全国银行间同业拆借中心公布的贷款市场报价利率（LPR）标准计算。

②在一审判决作出前仍然持有该债券的，债券持有人请求按照本纪要第21条第一款的规定计算损失赔偿数额的，人民法院应当予以支持；债券持有人请求赔偿虚假陈述行为所导致的利息损失的，人民法院应当在综合考量欺诈发行、虚假陈述等因素的基础上，根据相关虚假陈述内容被揭露后的发行

人真实信用状况所对应的债券发行利率或者债券估值，确定合理的利率赔偿标准。"

三、损失因果关系对投资差额损失计算的影响

在证券虚假陈述案件的处理中，目前普遍采用的差额损失计算模型主要关注虚假陈述前后的证券价格变化，以此作为衡量投资损失的基本依据。但虚假陈述侵权行为构成复杂，有时存在多因一果的情况。如股价变动会受到宏观经济因素、行业变化、公司运营等多重因素的影响，简单地将证券价格的所有变动均归咎于虚假陈述的影响，而没有适当区分由虚假陈述直接造成的损失和市场系统风险或其他外部因素导致的损失，只是将所有的股价变动均归因于虚假陈述，忽视了市场多变性和复杂性，容易导致赔偿计算不公平且不科学。对此，《最高人民法院关于审理证券市场虚假陈述侵权民事赔偿案件的若干规定》第三十一条规定，"被告能够举证证明原告的损失部分或者全部是由他人操纵市场、证券市场的风险、证券市场对特定事件的过度反应、上市公司内外部经营环境等其他因素所导致的，对其关于相应减轻或者免除责任的抗辩，人民法院应当予以支持。"上述规定要求在计算损害赔偿数额时，要扣除市场风险等其他因素造成的损失。由于整体市场表现不佳导致公司的股价下跌，或者公司经营策略调整导致的市场不确定性增加，不能与虚假陈述直接关联。在法律上，赔偿责任的成立必须基于明确的因果关系，即损失必须是由于虚假陈述直接导致的。在实际法律操作中，需要引入市场专家的意见、运营经济学中的计量模型来辅助分析，更加细致地分析和判断虚假陈述与证券价格变动之间的直接联系，通过科学的方法区分虚假陈述行为与其他市场因素对股价的具体影响，能够更准确地实现"损害赔偿"

的法律目的，防止赔偿过度，避免对市场参与者造成不必要的负担，从而在保护投资者的同时，维护证券市场的健康稳定发展。

为了更加公正地评估和计算因虚假陈述行为导致的投资损失，实现更精确的损失赔偿计算，必须对现行的损失计算模型进行深入分析和必要的优化。第一，法院和监管机构应更频繁地利用金融和经济专家的知识，详细分析股票交易数据，综合考量市场趋势、宏观经济因素以及行业特定动态，并采用回归分析和事件研究方法等高级统计方案，评估虚假陈述行为对证券价格的实际影响，精确测定虚假陈述公布前后股价的异常变动，从而科学地界定因虚假陈述直接导致的损失范围。第二，随着新的金融产品不断出现，法律需要明确区分虚假陈述直接造成的损失与市场其他因素引起的损失，确保只有那些直接由虚假陈述行为引起的经济损害才被纳入赔偿范围，其中，可以通过立法明确投资者在虚假陈述损失时的举证责任，从而确立更明确的指导原则和计算方式，为法院提供明确的裁判标准，从而增强市场的信任感，减少法律实施的随意性，防止赔偿过度或不足的情况发生。第三，法院和监管机构应加强对投资者教育和风险意识提升的工作，通过工作坊、研讨会和在线教育资源等方式，教育投资者关于金融市场的基本法律知识和财务分析技巧，教育投资者如何识别和响应市场中的虚假信息，增强他们的市场分析能力和风险意识，使投资者在面对市场异常情况时能够采取更为理性的举措，这可以在更大程度上减少虚假陈述的负面影响，有助于提升整个市场的信息透明度和效率，最终实现市场的公正与稳定。此外，相关立法和司法解释也应进一步明确，对虚假陈述引起的直接损失和间接损失进行更为细致的区分和定义，确保赔偿责任的界定既科学又公正，避免因模糊不清的责任划分而导致的法律实践中的不公或过度赔偿现象，这能够保护投资者的合法权益，有助于维护市场的稳定和公正，促进金融市场的健康发展。

四、诱空型虚假陈述损失计算规则

根据最高人民法院于2003年发布的《最高人民法院关于审理证券市场因虚假陈述引发的民事赔偿案件的若干规定》的相关规定，其损害赔偿规则适用的赔偿对象主要是那些在虚假信息影响下购买证券并在信息被揭露后或更正后遭受损失的投资者，主要关注因虚假信息诱导投资者购买证券的情况，即所谓的诱多型虚假陈述。这保护了虚假信息被揭露或更正后遭受损失的投资者，以及保护了因信赖虚假增值信息而进场的投资者，但忽视了那些由于信赖虚假不利信息而被诱导卖出证券的投资者，即诱空型虚假陈述的受害人。诱空型虚假陈述涉及因错误的、悲观的信息影响而使投资者决定提前卖出证券，这类行为同样会导致投资者在证券的真实价值得以被公开后遭受不必要的资本损失。诱空型虚假陈述与通常的"诱多型"虚假陈述构成对比，这一虚假陈述涉及对企业的财务状况、业务前景、管理层行为或其他关键运营指标的负面歪曲，以及对市场条件或行业发展的悲观预测。从市场行为学和法律角度看，诱空型虚假陈述破坏了市场的透明度和公正性，违反了公平交易的基本原则。在诱空情形中，因虚假信息影响，持股者在信息更正之前以低于公正市场价值的价格卖出股票，从而在经济上遭受损失，损害了单一投资者的利益，可能影响整个市场的稳定和效率，引发市场恐慌或过度反应，扰乱正常的市场秩序。在2003年《最高人民法院关于审理证券市场因虚假陈述引发的民事赔偿案件的若干规定》中，这类情形往往不被视为可获得赔偿的损失，部分原因在于这类案件的损害较难量化。投资者在证实其损失时，需要证明在没有虚假陈述的情况下，他们不会在那个时间点卖出股票，或者证明股票价格在虚假信息更正后的市场反弹。这种证明责任相对较高，导致很多受影响的投资者难以获得应有的法律救济。例如，如果虚假陈述行为人故意隐瞒或歪曲公司的利好信息，将其表述为利空，那么在虚假信息发布前已买入并持有的投资者，可能会在信息更正前出于对市场反应的担忧而选择卖出，导致实际损失。根据2003年《最高人民法院关于审理证券市场因虚假陈述引发的民事赔偿案件的若干规定》，由于这些投资者在虚假信息揭露或更正之前已经卖出其证券，他们不符合赔偿的条件。这导致了一个明显的保护漏洞，即对于那些可能因虚假陈述而采取预防性卖出行为的投资者，法律未能提供必要的救济。这种缺位在法理上与投资者保护的初衷相违背，当法律规定无法涵盖因虚假信息导致的卖出决策的损失时，它忽略了投资者在完整信息被隐瞒或歪曲时面临的实际市场条件。

虽然司法解释尚未规定，但相关审判实践似乎已经走在了前面。如在（2015）粤高法民二终字第1066号案中，法院便认定在"在虚假陈述实施日前即持有、并在虚假陈述实施日后、揭露日前卖出股票而发生亏损的投资者"可以要求虚假陈述行为人赔偿①。为了全面保护投资者的利益，最高人民法院在2022年修订《最高人民法院关于审理证券市场虚假陈述侵权民事赔偿案件的若干规定》时对上述法律漏洞进行了填补，明确包括因虚假陈述导致的卖出决策在内的所有投资决策引发的损失也应当得到赔偿。

考虑到诱空型虚假陈述损失计算的复杂性，法院及执法机关在处理此类案件时，需要与证券交易所、投资者关系管理部门及独立的金融分析师等金融市场的各方参与者密切合作，共同努力收集和审查交易记录、公司内部

---

① 雷继平，高丹阳.债券虚假陈述责任纠纷之损害赔偿范围界定[EB/OL].https://www.cicjc.comcn/info/1040/13579.htm.

通信记录、市场分析报告以及相关人员的证言等相关证据，准确判断虚假陈述的来源、动机及其对市场的实际影响，为受损的投资者提供有效的法律救济。监管机构应加强与市场监控技术的整合，利用先进的数据分析和人工智能技术建立全面的市场监控系统，以实时追踪异常交易活动和不寻常的市场价格波动，从而迅速定位并调查可能的虚假陈述行为。以上做法将有助于构建一个更加健康、公正和稳定的金融市场环境，进而促进市场的自我纠错功能，加强市场的整体监管效果，推动构建更加公正和透明的市场环境。

第三节　承销商应承担的赔偿份额

侵权连带责任是指受害人有权向共同侵权人或共同危险行为人中的任何一个人或数个人请求赔偿全部损失，而任何一个共同侵权人或共同危险行为人都有义务向受害人负全部的赔偿责任；共同侵权人中的一人或数人已全部赔偿了受害人的损失，则免除其他共同侵权人向受害人应负的赔偿责任[①]。《民法典》第一百七十八条对共同侵权行为的连带责任规则进行了规定。此外，《证券法》第八十五条也明确，"承销的证券公司及其直接责任人员，应当与发行人承担连带赔偿责任，但是能够证明自己没有过错的除外。"根据民法中关于侵权连带责任的理论，承担连带责任的承销商承担的是"全部的赔偿责任"。但是虚假陈述案件往往涉案金额巨大，影响广泛，有时承销商只有轻微的过错却要承担大额的赔偿，甚至令承销商濒临破产。为了避免证券市场发生烂诉情况以及中介机构因此出现寒蝉效应，越来越多的法院在审理虚假陈述案件时，判定承销商或其他中介机构承担比例连带责任，如中

---

① 杨立新.侵权责任法 [M].北京：法律出版社，2021：106.

安科虚假陈述案、五洋债虚假陈述案、康美药业虚假陈述案等，从效果上避免了使承销商根据传统连带责任理论承担全额赔偿责任所导致的责任过重问题，这是司法能动性的体现。但对此也有不少学者指出，由于法律上没有对比例连带责任的明确规定，且比例连带责任突破了传统民法理论中的全部赔偿规则，存在法律适用冲突的问题。此外，法院在确定连带责任的"比例"时主要通过行使自由裁量权确定，主观性较强，从而导致"同案不同判""过罚失当"等问题。

近来有学者通过环境侵权责任纠纷中的半叠加的分别侵权行为理论解释虚假陈述产生的侵权责任，值得借鉴。半叠加的分别侵权行为指的是，在分别侵权行为中，有的侵权行为造成全部损害，有的侵权行为造成部分损害，因此在责任承担方面，行为人所承担的连带责任不是全部连带责任，而是部分连带责任。其制度功能主要在于，一方面降低了原告求偿不能的风险；另一方面，对于被告而言，能够在被告之间形成分配正义。半叠加的分别侵权行为在构成要件上可以与虚假陈述侵权的构成要件相契合，半叠加的分别侵权行为适用的部分连带责任也符合虚假陈述比例连带责任形态，为虚假陈述侵权中的比例连带责仕提供了较为强力的理论支撑。

目前我国立法和司法审判实践中尚未就虚假陈述侵权责任人之间连带责任的比例如何分摊问题进行明确的规定，法院在审判相应案件时，应充分考察损失因果关系、承销商的主观过错程度、行政处罚的情况以及投资人的保护等多个方面进行审慎判断。具体的比例分担规则尚需在审判实践中不断积累总结，并通过司法解释乃至立法的形式予以固化，以避免法官在相应案件中自由裁量权的过度行使，从而确保相应审判结果的公平合理。虚假陈述比例连带责任问题尚存在广泛的研究空间。

参考文献

一、专著类

[1]杨立新.侵权责任法[M].北京：法律出版社，2021.

[2]王利明.侵权行为法归责原则研究[M].北京：中国政法大学出版社，1992.

[3]俞红海.渐进式询价制度改革下的IPO定价与财富分配研究[M].南京：南京大学出版社，2017

二、期刊类

[4]卢龙新.证券发行视角下中介机构勤勉尽责义务的认定[J].市场周刊，2024，37(19):171-174.

[5]李佳，徐一博，卞泽阳.货币政策支持对公司债信用利差的影响[J].改革，2024，(5):137-155.

[6]贾秀彦，杜运潮，徐凤菊.社会信用体系建设与公司债发行定价[J].财会月刊，2024，45(10):115-122.

[7]杜立辉，许缘.上海宝冶资产证券化产品发行情况及信用风险分析[J].冶金经济与管理，2024(2):37-41.

[8]谢慕廷.基于高收益债视角的科技创新公司债券研究[J].中小企业管理与科技，2024(7):194-196.

[9]欧阳勇兵，李赛.二十三冶资产证券化产品发行情况及信用风险分析[J].冶金经济与管理，2024(1):26-29.

[10]佟岩，李鑫.公司债券发行上市审核与发行定价——基于证券交易所审核反馈意见函的文本分析[J].管理世界，2024, 40(1):180-201.

[11]张上舟，朱玉杰，罗玫.注册制的效用——基于承销商声誉与债券违约[J].经济学报，2023, 10(4):65-90.

[12]张淑惠，李媛媛，孔誉绮.承销商与发行企业双边匹配决策对IPO抑价的影响研究[J].南华大学学报（社会科学版），2023,24(4):73-85.

[13]上海金融法院课题组.关于银行间债券市场主承销商因利冲侵权承担赔偿责任的判定[J].法律适用，2023(10):128-137.

[14]何开刚，秦玉龙，杨庆.询价监管与承销商分析师市场影响力——来自科创板IPO的经验证据[J].上海财经大学学报，2023,25(5):3-15, 152.

[15]徐阳.债券虚假陈述案承销商过错认定及责任承担[J].山东国资，2023(9):104-106.

[16]王琦.证券发行保荐人注意义务的履行标准[J].行政与法，2023(9):83-96.

[17]王俊，高晋阳.承销商跟投制度存在的问题及改进建议[J].财务与会计，2023(14):79.

[18]雷健.绿色金融政策对资产支持证券发行利差的影响[J].黑龙江金融，2023(6):56-60.

[19]谢杰.全面注册制背景下证券市场虚假陈述犯罪的实践解构[J].清华法学，2023, 17(3):39-56.

[20]汪恭政.现行《证券法》影响下欺诈发行证券罪的适用思考[J].中国法学（英文版），2023，11(3):47-67.

[21]汤欣，张鑫渝.证券发行保荐人的合理信赖及免责抗辩[J].证券市场导报，2023(4):44-52.

[22]任泽宇.美国证券发行中的监管权力分配与演进——兼论我国证券注册发行监管的制度优化[J].中国政法大学学报，2023(2):208-224.

[23]冯果，贾海东.资产支持证券欺诈发行纠纷裁判路径检讨——以管理人的角色和责任承担为中心[J].法学论坛，2023,38(1):36-50.

[24]龚洁，段心怡.一二级市场联动对银行间债券市场流动性的影响——基于中美承销商与做市商制度对比[J].金融市场研究，2022(11):39-47.

[25]林昕.证券服务机构虚假陈述共同侵权责任形态研究——以《关于审理证券市场虚假陈述侵权民事赔偿案件的若干规定》为中心[J].现代商贸工业，2022,43(22):175-177.

[26]洪国盛.义务范围理论下证券服务机构过失虚假陈述赔偿责任[J].法学研究，2022,44(5):120-138.

[27]王森.证券型通证发行的认定及监管问题研究——以法律关系主体为视角[J].南海法学，2022,6(4):58-67.

[28]王沛然.欺诈发行证券罪的立法反思与教义学阐释——以《刑法修正案（十一）》为视角[J].兰州学刊，2022(8):101-111.

[29]杨芬，李想.欺诈发行证券罪的规范构造[J].中国刑警学院学报，2022(2):53-60.

[30]王琦.证券信息公平披露规则的规范分析与检讨[J].北方法学，2022,16(2):117-131.

[31]张叶东.论证券发行中投资者适当性制度的完善——兼议信息披露原则与投资者适当性原则之融合[J].海南金融，2022(1):79-87.

[32]丁宇翔.证券发行中介机构虚假陈述的责任分析——以因果关系和过错为视角[J].环球法律评论，2021,43(6):156-171.

[33]张萌.欺诈发行证券行为的刑法应对与完善——以证券发行注册制改革为背景[J].福建金融管理干部学院学报，2021(3):9-16.

[34]周淳.证券发行虚假陈述：中介机构过错责任认定与反思[J].证券市场导报，2021(7): 70-79.

[35]张付标，袁野.承销商新股自主配售行为探析[J].宏观经济研究，2021(5):170-175.

[36]刘志伟.行政过程理论视域内的"冷淡对待"证券市场中介机构措施[J].财经法学，2021(3):127-143.

[37]方刚.新《证券法》下证券行政执法的挑战与对策[J].上海立信会计金融学院学报，2021,33(1):15-25.

[38]刘淑萍.浅析证券发行制度改革——以《证券法》修改为背景[J].北方经贸，2020(6):67-69.

[39]朱玉杰，张上舟.不同发审机制下的承销商声誉与债券融资成本[J].经济学报，2021,8(1):109-128.

[40]许澄澈，尹鸿飞，张兵.承销商声誉能降低公司债券融资成本吗？[J].武汉金融，2021(3):58-65.

[41]张学勇，陈然，魏旭.承销商与重返IPO表现:基于信息不对称的视角[J].经济研究，2020，55(1):164-180.

[42]白逸飓.IPO后股票价格风险研究——基于主承销商声誉的视角[J].时代金融，2020(1):43-46.

[43]吴奇.浅谈证券投资中的风险识别与应对措施[J].现代营销（经营版），2019(12):167.

[44]吕怀立，杨聪慧.承销商与审计师合谋对债券发行定价的影响——基于个人层面的经验数据[J].审计研究，2019(3):111-119.

[45]南晓莉.自主配售制度下承销商-基金公司利益输送的实证研究[J].中国软科学，2018(7):159-169.

[46]王滢.论私募债券承销商对投资者的民事责任[J].安徽大学学报（哲学社会科学版），2018，42(2):113-118.

[47]陈运森，宋顺林.美名胜过大财:承销商声誉受损冲击的经济后果[J].经济学（季刊），2018，17(1):431-448.

[48]万国华，保雅坤.注册制下承销商民事责任问题研究——以法律关系为核心[J].产权导刊，2016(8):59-62.

[49]赵英杰.注册制、中介机构责任模式与承销商保荐责任[J].金融市场研究，2016(3):55-65.

[50]赵英杰.美国注册制下承销商法律责任研究[J].上海金融，2015(8):94-102，110.

[51]王伟.私募债券承销商信息披露义务及其责任分析[J].大众理财顾问，2015(6):90-91.

[52]刘洋，李星汉.承销商分析师利益冲突与定向增发[J].商业研究，2015(1):53-61.

[53]童彬.中小企业私募债券的功能、风险和法律控制[J].甘肃社会科学，2014(5):192-195.

[54]陆正飞，韩非池.承销商地域垄断性与IPO定价——来自中国A股上市公司的经验证据[J].会计与经济研究，2014，28(4):3-16.

[55]尹自永，王新宇.IPO公司业绩变脸、承销商甄别和投资者认知[J].山西财经大学学报，2014，36(4):38-47.

[56]陈鑫，王长江.中国承销商进行IPO托市研究——基于创业板市场的实证分析[J].科技与经济，2013，26(4):106-110.

[57]郑琦，薛爽.承销商自主配售新股问题研究综述[J].首都经济贸易大学学报，2013,15(4):106-116.

[58]孙冉.承销商的寡头垄断与IPO抑价[J].中国物价，2013(2):29-32.

[59]汪泓.IPO过程中会计师事务所与承销商的利益分配[J].财经论丛，2012(6):64-71.

[60]李湛.银行间债券市场私募债券发行现状与制度设计研究[J].农村金融研究，2012(8):37-42.

[61]刘云亮.证券承销商包销责任的法律分析——以长江证券增发承销责任为视角[J].北方法学，2012，6(2):57-63.

[62]陆瑶，赵宇烨.合资承销商影响新股破发率的实证研究[J].投资研究，2012，31
(1):71-83.

[63]郭海星，万迪昉，吴祖光.承销商值得信任吗——来自创业板的证据[J].南开管理
评论，2011，14(3):101-109.

[64]周欢，杨俊霞.承销商声誉及其运行机制研究[J].浙江金融，2011(4):54-57.

[65]梁俊平.承销商稳定股价现象的海外研究综述[J].财会研究，2010(18):54-56.

[66]邱冬阳，孟卫东.承销商声誉与IPO抑价——来自深圳中小板市场的实证研究[J].现
代管理科学，2010(5):36-39.

[67]周佰成，李晓冬，宋琴.承销商分析师与非承销商分析师利益冲突比较研究[J].税
务与经济，2010(1):27-31.

[68]蒋俊鸿，舒卫平.承销商托市问题初探[J].经济研究导刊，2009(18):71-72.

[69]梅德祥，许德芳，薛楠.承销商询价过程的保守偏差与IPO抑价分析[J].经济研究导
刊，2009(3):97-98.

[70]邹晓峰，傅强.增发新股博弈中承销商的交易操纵行为[J].系统工程理论与实践，
2008(4):19-26.

[71]杜静.浅析证券承销商声誉对其评估行为的影响[J].商业时代，2008(4):80.

[72]桑榕.累计订单询价机制下主承销商的股票分配动机分析[J].证券市场导报，2008
(2):22-27.

[73]刘玉灿，王冀宁.承销商认知偏差对新股不完全调整影响的分析与研究[J].现代管
理科学，2005(8):102-104.

[74]桑榕，姚海鑫.首次公开发行信息不对称与承销商的作用[J].外国经济与管理，
2005(5):47-52.

[75]夏欢，刘凌云.中国企业国内外IPO承销商对比剖析[J].商场现代化，2005(9):36.

[76]赵林茂.承销商价格支持机制:美国经验与借鉴[J].技术经济，2004(12):37-39.

[77]巫文勇.证券发行中承销商信息披露的民事责任研究[J].行政与法（吉林省行政学院学报），2004(6):109-110.

[78]梅君.谁为失去诚信"买单"——主承销商在证券发行中的法律责任分析[J].中国审计，2003，(Z1):29-31.

[79]黄鑫，沈艺峰.承销商托市与新股折价[J].证券市场导报，2002(11):62-67.

[80]李永泉.证券承销商如何应对企业改制过程中的资产重组[J].上海金融，2000(12):29-30.

[81]李永泉.股份制改组中的资产重组和证券承销商的对策[J].新金融，2000(11):41-42，40.

[82]王聪.美国的证券承销制度及其借鉴[J].广东金融，1999(2):38-39.

[83]马炼，温婧，付禹彬，等.边界内外：银行主承销商尽职调查机制建设[J].金融市场研究，2024(6):1-8.

三、学位论文类

[84]王雪蕊.证券服务机构勤勉尽责论[D].上海：上海财经大学，2022.

[85]李丹.B银行宁夏分行债券承销业务风险管理研究[D].银川：宁夏大学，2023.

[86]吕晓彤.询价新规下机构投资者报价、承销商定价行为与IPO定价效率[D].济南：山东大学，2023.

[87]孟怡然.承销商跟投、承销商声誉与IPO抑价[D].北京：对外经济贸易大学，2022.

[88]段可心.承销商声誉与债券信用利差[D].杭州：浙江大学，2022.

[89]陈玉莎.注册制背景下承销商声誉与债券项目融资成本关系的实证研究[D].成都：西南财经大学，2022.

[90]艾鑫垚.银行债券承销业务风险防范研究[D].南昌：江西财经大学，2021.

[91]邓会荟.我国企业研发投入对IPO抑价影响的研究[D].北京：北京外国语大学，2021.

[92]杨俊.违约事件对公司债定价的影响研究[D].合肥：合肥工业大学，2021.

[93]李亚婷.承销商信息收集对IPO定价效率的影响[D].北京：中央财经大学，2020.

[94]支子琛.金融中介选择对债券信用利差影响研究[D].济南：山东大学，2020.

[95]岳子彦.承销商认证与一般公司债融资成本[D].苏州：苏州大学，2020.

[96]勇胜男.NJ证券公司债券承销风险评价与防范研究[D].南京：南京航空航天大学，2020.

[97]尹自永.IPO定价市场化时期的询价对象报价和承销商定价行为研究[D].北京：中国矿业大学，2016.

[99]范鹏.债务融资工具承销业务中商业银行的风险分析及管理对策[D].苏州：苏州大学，2016.

[99]张秋月.承销商风险投资与公司股票发行[D].北京：中央财经大学，2019.

[100]王润玺.商业银行非金融企业债务融资工具承销业务风险管理[D].济南：山东财经大学，2015.

[101]李美玲.询价制下承销商利益最大化行为对IPO破发影响研究[D].天津：南开大学，2014.

后　记

　　在本书的撰写过程中，笔者深入分析了承销商在公司债券和股票发行中所承担的义务与民事责任。通过对承销商民事责任的全面分析与解构，试图提供一个清晰的关于承销商民事责任的法律理论框架，以增强理论界和司法实践对承销商民事责任制度的理解。

　　本书用四章的内容分别论述了承销商在公司债与股票发行中的民事责任问题，探讨了承销商民事责任的构成要件、免责事由以及损害赔偿范围的计算，通过法律条文的引用和案例分析，将理论与实务相结合。第一章是概述章节，通过分析论述承销商义务的具体内容、承销商民事责任的性质以及承销商民事责任的归责原则等问题，为后续章节的论述打下扎实的理论基础。第二章主要论述了虚假陈述行为、过错、交易因果关系与损害因果关系、损失等承销商民事责任的构成要件。第三章讨论了承销商民事责任的免责事由，重点论述了承销商的勤勉尽责抗辩，同时对因果关系抗辩、时效抗辩等其他免责事由也进行了讨论。第四章探讨了承销商义务违反时的损害赔偿责任，重点论述了损害赔偿责任的计算问题，同时兼顾介绍了承销商比例连带责任的司法审判实践情况与学界的评价。

　　撰写此书的过程是对承销商民事责任领域的深入研究，也是一次对整个资本市场行为和法律规范的详尽探讨。在撰写过程中，笔者收集了广泛的案例和法律条款，并将其融入每一个章节中，增强了书籍的实用性和学术价值，也使我们能够从多角度审视资本市场中的承销商的民事责任问题。通过这种方式，以期可以更全面地考察资本市场的法律环境，为市场参与人提供更为坚实的理论支撑和实践指导，以帮助承销商、发行人以及投资者更好地理解和应对市场中的法律风险。

随着全球经济一体化的不断加深和金融技术的快速发展，资本市场的交易活动呈现出愈发复杂的趋势，在此背景下，承销商的角色和责任也在不断发展变化。法律政策的制定者和市场监管机构需要不断评估和调整相关法律法规，以适应市场的发展需求和技术的进步；司法机关应保持与监管机构的积极互动并不断加深对资本市场上所发生交易的理解，从而才能做出更加公平的判决。本书的研究虽然存在一定局限，但也期待能够为市场各方参与主体提供相对具有价值的信息，同时也期待未来能有更多的机会探讨和更新这一领域的知识和实践。

作者

2024.5